U0575055

日本阳明学研究名著译丛

邓红　欧阳祯人——主编

日本之阳明学

[日]高濑武次郎　著

张亮　译

邓红　校注

山东人民出版社·济南

国家一级出版社　全国百佳图书出版单位

图书在版编目（CIP）数据

日本之阳明学/（日）高濑武次郎著；张亮译，邓
红校注.--济南：山东人民出版社，2022.1
（日本阳明学研究名著译丛）
ISBN 978-7-209-11921-4

Ⅰ.①日… Ⅱ.①高… ②张… ③邓… Ⅲ.①王守仁
(1472—1529)—哲学思想—研究 Ⅳ.①B248.25

中国版本图书馆 CIP 数据核字(2019)第 026638 号

日本之阳明学
RIBEN ZHI YANGMINGXUE
[日] 高濑武次郎 著 张亮 译 邓红 校注

主管单位 山东出版传媒股份有限公司
出版发行 山东人民出版社
出 版 人 胡长青
社　　址 济南市市中区舜耕路 517 号
邮　　编 250003
电　　话 总编室 (0531) 82098914
　　　　 市场部 (0531) 82098027
网　　址 http://www.sd-book.com.cn
印　　装 济南万方盛景印刷有限公司
经　　销 新华书店

规　　格 16 开 (169mm×239mm)
印　　张 16.5
字　　数 190 千字
版　　次 2022 年 1 月第 1 版
印　　次 2022 年 1 月第 1 次
ISBN 978-7-209-11921-4
定　　价 42.00 元

如有印装质量问题，请与出版社总编室联系调换。

《日本阳明学研究名著译丛》为贵州省 2016 年度哲学社会科学规划国学单列课题（16GZGX09）。

本国学单列课题由贵州省社科规划办和贵阳孔学堂文化传播中心共同出资设立。

谨此致谢

《日本阳明学研究名著译丛》总序

"阳明"是中国明代思想家王守仁（1472—1529）的号。王守仁因筑室阳明洞讲学而名声大噪，世称"阳明先生"，称他的学说以及王门学问为"阳明之学""阳明之说"等。在《明儒学案》里，王阳明本人的学术被称为"姚江之学"，弟子们被称为"王门之学"，但是"阳明学"这一称谓，当时没有在中国流传开来。

作为一门近代学科的名称，"阳明学"是个典型的"和制汉语"，出现于19世纪八九十年代的日本。在此之前，日本人对王阳明一派的学问，也沿袭中国的学问传统，称"姚江"或"王学"。19世纪末到20世纪初叶，日本出现了一场由三宅雪岭、德富苏峰、陆羯南等当时的一些鼓吹日本主义的媒体人发动的、批判明治政府以"鹿鸣馆"为表象的全盘西化政策的社会运动。他们自称这场社会运动的目的是创造日本"国民道德"，创办了一本名为《阳明学》的杂志作为运动的主要阵地，于是"阳明学"这个类似于学术流派的名称成了这场精神运动的名称。

日本阳明学虽然号称起源自中国明代王阳明的姚江学派，但有完全不同的发展历程和自己的特色。在"阳明学运动"开展期间，出版了两本日本阳明学著作，奠定了日本阳明学的学术基础。一是高濑武次郎（1869—1950）的《日本之阳明学》（1898年铁华书院出版）。《日本之阳明学》以教科书的形式，分发端、陆象山、王阳明、心即理、知行合一、日本之王学者等章节对阳明学进行了阐述。二是井上哲次郎（1855—1944）的《日本阳明学派之哲学》（富山房1900年出版），该书按流派和人物全面论述了日本阳明学派的源流、哲学内容和思想特征。这两本书给予将日本阳明学传播到中国来的梁启超、张君劢、朱谦之等以重要影响。

但是与轰轰烈烈的日本阳明学之社会运动相比，日本作为学术研究的阳明学研究一直处于低潮。直到 20 世纪 40 年代，日本京都大学出现了两个阳明学研究方面的先驱者。

一是京都大学人文研究所研究员安田二郎（1905—1945）和他著述的《中国近世思想研究》（京都弘文堂 1948 年出版）。安田认为中国古代哲学家孔子的《论语》和王阳明的《传习录》那样的语录式著作，看上去杂乱无章，但内部有着某种必然的逻辑体系，于是他运用西方哲学史手法在《传习录》和其他朱王著作中去寻找这个逻辑，此书便是他研究的结晶。

二是京都大学原教授岛田虔次（1917—2000）的著作。岛田曾写过三本关于阳明学的著作。第一本是《中国近代思维的挫折》（1949 年筑摩书店出版，1970 年修订再版）。在该书中，岛田试图从王阳明、泰州学派、李贽的思想展开过程中，寻找中国近代思想，主要是近代市民意识的"萌芽"。第二本是《朱子学与阳明学》（岩波新书 C28，1967 年出版）。该书虽然是面向社会的通俗读物，写得简单通俗易懂，岛田却自认是对自己阳明学研究的总结。作为通俗读物，该书最大的特点在于将自己的阳明学论文和著作论证过的主要观点浓缩而总结概括出来。第三本是《中国思想史研究》（2002 年由京都大学出版会出版。邓红翻译，上海古籍出版社 2009 年出版）。日本和中国学界一般认为安田和岛田开创了战后日本的阳明学研究，特别是岛田，堪称世界阳明学研究的先驱。

随后，日本九州大学文学部中国哲学史研究室涌现出了一个阳明学研究群体。第一任教授楠本正继（1886—1963）著作有《宋明时代儒学思想之研究》（东京：广池学园出版部 1962 年出版）、《楠本正继先生中国哲学研究》（东京：国士馆大学附属图书馆 1975 年出版）。著名阳明学研究者冈田武彦、荒木见悟等都是其弟子。

日本最高学府东京大学的阳明学研究代表为山井涌（1920—1990），1964—1981 年任东京大学教授，《明清思想史研究》（东京大学出版会 1980 年出版）是他毕生研究的结晶，收集了中国近世思想史方面的 19 篇论文。在此之后，日本出现了山下龙二、友枝龙太郎、岩间一雄、沟口雄三、福田殖等阳明学家，延续至今。

如上所述，日本的阳明学研究发展起步较早，在很长一段时期内处于世界的领先地位，涌现出了一批世界级阳明学研究专家，出版了一系列阳明学研究的学术名著，形成了资料丰富、视野开阔、推论细腻、各当一面、深耕细掘的研究特点。他们的研究成果是全人类的共同财富，具有深远的学术意义，可为中国的阳明学研究提供借鉴。

中国的阳明学研究因为众所周知的原因在一段时期内严重滞后，但自从 1978 年改革开放以后，开始摆脱了教条主义的束缚，学者们积极从事学术研究活动，善于吸收外来先进成果，与海外学者特别是日本学者形成良好互动的学术局面，从而出现了一大批研究成果，掀起了一阵阵的阳明学热潮，在某些方面甚至可以说已经在世界处于领先地位。但是从整体上看，中国阳明学研究还没有完全恢复"心学固有的活泼天机状态"，还没有过日本阳明学在日本近代化进程、国民道德建设中发挥过巨大作用那样的成就，在冈田武彦式的民众启蒙和企业伦理教育的群众性实践活动方面也还有学习借鉴的余地。

本丛书以"知行合一、付诸实践"为宗旨，以吸收、参考、借鉴日本阳明学"知行合一、强调事功"的长处为主题，沿着上述日本阳明学的发展历程来翻译介绍日本阳明学研究名著。

以往也有一些日本方面的阳明学著作被翻译介绍到中国，但都显得零乱无序，既没有形成一套介绍推广日本阳明学研究成果的体制，也没有按照日本阳明学研究的历史发展来选择翻译对象，而是各取所好，有的译著甚至不是学术著作，翻译成果甚至还有不专业之处。

有鉴于此，本丛书旨在全面、系统、专业地翻译出版日本的阳明学研究成果。本丛书编委会在中日两国的中国哲学史学界集聚了一批精通中日双语的翻译人才。

本丛书的学术总顾问是武汉大学国学院院长郭齐勇教授。长期以来，郭教授为推动武汉大学乃至全国的阳明学研究，做出了极大的努力。武汉大学阳明学研究中心为这套丛书的翻译与出版做出了重要的贡献。本丛书的翻译者蒋国保教授、邓红教授都毕业于武汉大学，年青一代的陈晓杰博士、连凡博士、焦堃博士、符方霞博士、张亮博士分别毕业于日本关西大学、九州大学、京都大学和北九州大学，不仅精通日语，而且也是真正的阳明学研究的专家。陈晓杰博士、连凡博士、焦堃博士是武汉大学的在职教师，张亮博士是武汉大学的博士后，符方霞博士任教于广西师范学院外国语学院。

本丛书的日方主编邓红教授，1982 年毕业于武汉大学历史系，后来于日本九州大学中国哲学史专业博士毕业，直接聆听过冈田武彦、荒木见悟、福田殖等先生的教诲，现任武汉大学中国传统文化研究中心兼职教授。本丛书的中方主编欧阳祯人教授为武汉大学阳明学研究中心主任，《阳明学研究》杂志的执行主编，中华孔子学会阳明学研究会副会长，长期从事儒家性情思想和陆王心学的研究。所以，丛书的主编和翻译者们都长期浸润于阳明学和中国思想研究，有的本人便是驰名中外的阳明学家。他们对世界阳明学的研究动向有着深刻的把握，对日本阳明学研究的历史发展了如指掌，对先行研究的优缺点有着明晰的认识，对本丛书的翻译对象都仔细研读过，选定的都是日本最经典、最具代表性的阳明学研究著作，不仅能够为中国的学者们提供最佳参考资料，为中国的读者们提供满意的读物，而且能够为当政者提供重要的借鉴。

　　《日本阳明学研究名著译丛》为贵州省 2016 年度哲学社会科学规划国学单列课题（16GZGX09），是武汉大学中国传统文化研究中心近年来取得的重大研究成果。本"国学单列课题"由贵州省社科规划办和贵阳孔学堂文化传播中心共同出资设立。贵州是王阳明"悟道"的圣地，多年来贵州省为中华民族优秀传统文化的传承和创新做出了巨大的贡献，贵阳市和贵阳孔学堂为阳明学研究的发展和心学的实践做出了不懈的努力，在此特致以由衷的感谢。

邓　红　欧阳祯人
2020 年 10 月吉日于武汉珞珈山麓

005

井上序

阳明学是在东洋兴起的一种哲学，其理论虽不能说很深远，但在实践方面是非常伟大的。因此，世间以教育家为己任者，如果讲究阳明学的话，无疑可以从中得到很多东西。现在，若将德川时代的儒教哲学分派的话，可以分为朱子学派、古学派、阳明学派和折中学派四种。其中阳明学派的人数虽然不多，但均非迂腐之徒，在省察或事功方面都鞠躬尽瘁，辅佐我名教者不少。也可以说，阳明学派在四种学派当中最具有实践精神。这种精神起源于阳明学说，所以即使在中国，阳明学派也比朱子学具有更多的实践性。然我国的阳明学派和中国的阳明学派相比较的话，更富有活泼的精神，其实践完成的事迹，足以让中国的阳明学者瞠目结舌。譬如熊泽蕃山、大盐中斋等人，还有那些在明治维新前后为国家立下显著功勋的诸多义士，他们意志坚定，具有排除万难而勇往直前的气概。他们的所作所为，峻厉激越，虽然有时脱离法度，但是也不能因之而非议阳明学。如果能回避其短处、培养其长处的话，绝对有助于今日的教育，所以希望对我国的阳明学有所关注。阳明学曾经被当作异端而受到过排斥，幕府时期的教育主义一开始偏重朱子学，特别是在宽正年间，公然禁止异学，使得不信奉朱子学者消声屏息。虽然如此，阳明学是从内面振奋精神的学说，即使想将之斩草除根，在私底下进行研究的人却源源不断，命脉传承未绝，只是为权势压制，在传播的路上遭遇到了很多的困难。而今是自由思想的天地，各种学说竞相而起，百家争鸣，当此时，应该为阳明学舒展郁闷，扬眉吐气。为此，文学士高濑武次郎撰写了这本《日本之阳明学》，请我写序。我认为本书对我国阳明学进行了历史性的概述，网罗了阳明学派的人物，对他们的学说进行了评论，让人一目了然，耳目一新。世间的教育家如果以这本书为陶冶品格的资料的话，应该会大有裨益的。为此在该书印刷付梓之际，提笔写下这篇小序。

井上哲次郎识

1898 年 11 月 15 日

例　言

一、本书为专门史研究，"序论"叙述了阳明学全系统的梗概和中日两国王学者的差异，"本论"详细叙述了我国的阳明学。期待以此来消解王学的郁闷，涵养青年的心术。

二、本书按照学统来列学者，对不明学统或自修者，则按照年代期间列举。

三、本书叙述维新前后的豪杰及最近名士之处，不甚详细，只是单列其名字。然而，此间毫无褒贬之意，唯著者浅见、材料缺乏使之然也。但或有材料丰富而早已为世人熟知者，也暂时省略之。

四、本书最初托铁华书院吉本襄氏发行，但该书院于前些年倒闭，所以自1899年以后的八年间成为绝版。这次遵从吉本氏的劝告，将之交由榊原文盛堂发行。

著者识

1907 年 4 月 11 日

目　录

003

序论

陆象山

麒麟儿

陆九渊，字子静，象山为其号，金溪人。幼年时就富有奇气。曾读古书，解释"宇宙"二字，曰：宇宙内事乃己分内事，己分内事乃宇宙内事。又曰：宇宙便是吾心，吾心即是宇宙。东海有圣人出焉，此心同也，此理同也。西海有圣人出焉，此心同也，此理同也。千百世之上至千百世之下，有圣人出焉，此心此理，亦莫不同也。

由此等之言，足见象山的豪爽雄迈气象。

陆王学的起因

这种气象与朱子小心翼翼的格物究理学风相比，差异相当大。象山认为，其身拘泥于文字之末，屈于礼仪法则之中，不过是对其天资的残害。学问之道，并不是在其外，而是在其内；并不在于古人的文字，而在于其精神。所以说，必以行迹观人，则不足以知人。必以行迹绳人，则不足以救人。朱子则认为，学是必求圣贤书之遗意。修身之方法，必由小至大，从洒扫应对开始追求其顺序，始可到达圣人领域。象山尊重德行，然后才是学问；晦庵主张由学问进入德行。程朱是丛脞繁衍，陆子是简易直接。程朱是以"六经"为金科玉言，以注"六经"为毕生之事业。陆子则曰：非我注六经，六经注我！程朱以究理为主，陆子以唯心为要。彼是支离之弊，此是顿悟之风。

鹅湖之会

淳熙二年（1175）四月，吕东莱、象山以及陆复斋相约，与朱晦庵从游诸家，在信州的鹅湖之畔相会（鹅湖之会），并停留旬日。与会者皆为一世之硕学鸿儒，互开胸襟，吐露蕴蓄，堪称稀世盛会。鹅湖之会以朱陆折中而著称于世，为中国哲学史上一次极为重要的学术聚会。去鹅湖的途中，复斋先是有所感而赋诗一首。其辞曰：

孩提知爱长知钦，古圣相传只此心。

大抵有基方筑室，未闻无址忽成岑。

留情传注翻榛塞，着意精微转陆沉。

珍重友朋相切琢，须知至乐在于今。

第二天早晨，相语已久。象山曰："第二句还稍微有一些不妥，期待途中和韵。"一行抵达鹅湖。复斋诵前诗到第四句。晦庵曰："子寿（复斋之字）早已上子静船了也。"对诗后，引起了晦庵与复斋的辩论。象山乃诵和韵。其诗曰：

墟墓兴哀宗庙钦，斯人千古不磨心。

涓流积至沧溟水，拳石崇成泰华岑。

易简工夫终久大，支离事业竟浮沉。

豪迈卓荦

吟诵至此，晦庵的脸色有了相当的改变。然而象山继续曰：

欲知自下升高处，真伪先须辩只今。

豪迈卓荦之气，直接吐露自家的肺腑，凌厉袭人，晦庵很不高兴。到此为止，众人散去，各自休息。次日，议论了数十回。随时说，随时挫，随时辩，随时破，一扬一抑，一虚一实，难决雌雄。如此这般连日辩论，晦庵谓曰:"人各有所见,唯有让后世之人来进行评论了。应该辩论的,已经辩论了,现在更加难以辩清,到此为止吧。"

朱陆学说之异同

他们关于学理也有一些争论。譬如太极之说,朱子遵循周濂溪之说,认为"无极而太极",又以易之阴阳为形器。象山之兄梭山与之争辩,至象山也得不出结论。陆子以太极之说未必是周子的真正学说而辩之,认为"无极"二字,不一定在圣人之书中,出自老子。朱子辩之曰:伏羲、文王不言太极,孔子云之。孔子不言太极,周子言之,先圣后圣岂同条共贯之。象山又云:朱子所说称太极而不称无极的话,后人以太极空乏孤立,为其不用者。朱子又辩之,象山又驳朱子以阴阳为形器,朱子又论说其可以的理由。

象山认为,朱子以人心道心配本然气质之两性为非,朱子则以陆子之说全然不解性。

当时学者之通弊

朱陆二子的差异是如此之大。而且当时一般之风潮,学理渐渐精微,实行越来越疏阔,辩说越来越繁脞,道义越来越颓废,实在不堪言。象山叹曰:"盖后世学者之病,多好事无益之言。"又曰:"古之学者以养心,今之学者以病心。古之学者以成事,今之学者以败事。"这真是宋代究理学者值得砭针之处。又曰:"古人皆实学,后人未免有议论辞说之累。"这些在象山看来都是通病。于是,象山排斥程朱而不取,独树一帜。以如此独特见识发展而来的学问,其气势走向另一个极端是不可避免的,但实际上留下了显著的痕迹。

朱陆之末流

后人之信奉朱庵晦者，扬言得到孔孟之真传，信奉陆象山者亦然之。然而，程朱一派之人日渐增多，信奉陆子之人却与日俱减。以是长久下去，其势力不能与之相敌，陆子之学，年年岁岁不免归于淹晦。宋元之学者，纷纷扰扰，虽然其数量不少，却没有能复兴陆子之学者，更何谈扩展其范围的人。所以，没有一个真正了解陆子之学的人。

隔世之知音

在陆象山辞世三百三十年之后，明代之王阳明才开始了解到了其真正的价值，深深地叹惜其衰退颓废。阳明认为，象山得到了孔门之正传，然其学术受到打压而没能得到宣传与发扬。阳明哀叹象山没能在文庙受到配享之典，子孙也未能沾褒崇之泽，乃在任江西巡抚之时，牌行抚州府金溪县官吏，模仿各处之圣贤子孙之例，免除陆氏嫡派子孙的差役，优秀弟子出现时，皆提名学道，送学肄业。当是时为明武宗正德十六年（1521）。惺惺惜惺惺，英雄惜英雄，不是豪杰，就不知豪杰。前贤后贤旷世已久，三百多年后融然契合，默识心通，感奋兴起，犹如冥然之助也。

王阳明

宁馨儿

王阳明，名守仁，字伯安。明之宪宗成化八年（1472）壬辰九月三十日，生于余姚之瑞云楼。古来伟人之传记含蓄，神话传说极多，瑞云楼之名，便是其中之一。据说阳明出生后五岁才开始说话，但幼时即有文才，十一岁时，跟随祖父赴京，途中在金山游玩，即兴赋诗一首，引得旁人惊叹。第二年在私塾学习时，已经豪迈不羁。一日问师曰："第一等的事情是什么？"老师回答说："为读书登第耳。"阳明疑说："登第恐怕不是第一等的事，应该是读书学圣贤书吧！"十三岁丧母恸哭。十五岁尚在京师。当是时，各地水旱成灾，盗匪乘机作乱，掠取所在库房。阳明出行，游居庸三关，纵观山川形胜，慨然有经略四方之志。屡次作书献于朝廷，因为其父王华斥其狂乃止。行状记云"初溺于任侠之习，再溺于骑射之习，三溺于辞章之习，四溺于神仙之习，五溺于佛氏之习。正德丙寅，始归正于圣贤之学"。这是阳明从十六岁到三十五岁的简单履历。呜呼，其沉溺之事何其多也！

五溺一归正

凡事沉溺则不达。沉溺而最终学归圣贤，这虽似是沉溺，但毕竟不是沉溺。不，不是不沉溺，而是不足以沉溺。十七岁时，归于余姚，前往洪都，娶诸氏为妻。可是其豪放之气未减，合卺之日，阳明忽然失踪，家人惊讶，到处寻找，终于在铁柱宫寻得。他解释道："向道者寻养生之术，忘记了回家。"其后，渐渐沉溺于辞章。二十六岁居住京师，有感于时势，志于兵书，研究其奥秘。二十八岁，进士及第，应求言上边务八事。第二年开始做官，患虚弱咳嗽之疾，思静养。而参佛事，学习老子养生之术，安心求道，第三年五月之后，告病而归。筑室阳明洞中，洞在会稽宛委山，乡里人谓之神仙之会所。王阳明进入洞中，号"阳明"。其是以"阳明"而为人所知，亦是慕神仙之冥眇幽远吧。阳明当时动则弄诡幻，不仅习导引之术，且欲蝉脱世之尘俗，超然欲守恬淡无为。唯有其祖母岑以及其父王华之事，经常在脑中出现，踌躇而不能决。一天早晨，忽然醒悟曰："此念由赤子而生，此念不除去的话，则种姓断灭。"乃悟仙释二氏之非，遂真正回归圣贤之学，终生不动摇。阳明虽以斯学为己任，然不能满足子弟之熏陶，必期待在当世施展其抱负。

赴龙场

弘治十八年（1505），孝宗驾崩，武宗即位。侍臣刘瑾、古大勇等，都是些便佞奸邪之辈。当其时而用事，国事日非。刘建、谢迁等相继而起，却被论罪，反为奸人陷害。正德元年（1506），南京科道官戴铣等，上书触及忌讳，被下诏入狱，阳明当时三十五岁，任兵部主事。见此不禁激昂愤怒，为首上书救之，激怒刘瑾，被诏入狱，廷杖四十。既绝而复苏，贬为贵州龙场驿驿丞。正德二年（1507）夏天，阳明赴钱塘，担心刘瑾会在途中加害之，托言投江才得以脱险。于是乘商船抵舟山，偶遇飓风大作，夜晚到达闽界，上岸在一寺院求宿。寺僧称怪而不让留宿，乃赴野庙，凭香案而卧。夜半群虎庙外大吼，不敢入，昧爽寂然无声，寺僧以为必毙于虎。在去收拾他的行囊时，发现阳明正在熟睡，皆惊呼曰："公非常人也。"乃迎其入寺内。寺内有异人，觉似曾相识，兴起而谈，告隐藏避世之意。异人喻其非，乃顿悟。在寺庙的墙壁上题诗而去。其诗曰：

泛海

王阳明

险夷原不滞胸中，何异浮云过太空？

夜静海涛三万里，月明飞锡下天风。

走小道，回南京看望父亲。携门人数名，经钱塘赴龙场。龙场在现在的贵阳府修文县，属西南荒裔，诸蛮族错综交错，语言不通。地低洼湿润，没有居住的地方。瘴疠之害，蛊毒之灾，言语不通。阳明垒土为窟，栖息其中。时而又受到肺病困扰，乃做石墎，端坐其上，立誓曰："吾唯俟命而已。"又自言自语："圣人要是到这种地步的话，应该怎么办呢？"

廓然大悟

有一天夜晚，其微微入睡，好像在和人说话。忽然，廓然大悟，不觉大呼雀跃。从者皆惊。因此，著《五经臆说》。阳明识力敏活，意志强健，感情特别锐利。经历过很多的事情，已明察道理。其阅历原没有什么险难困厄，但自廷杖囚狱开始，贬低到龙场谪居，虽然达到了最差的地步，但那时他已经三十七岁，其间锻炼精神，养成气力，究明深远的事理，果真几何。现到此逆境，端坐思维向天地起誓，一旦豁然贯通，犹如凉水洒洗胸中那样清凉，顿时呈现出进入不同境界的伟大奇观。想来和其素养也不是没有关系。其和蛮族之人越来越亲近，修建龙冈书院，设教化之具，与门人讲席讨论，犹如忘记了是共患难之人。正在此时，一位姓安的水西宣慰使反，招阳明，阳明作书一封晓喻之，安氏畏服。土人传说，敬意倍加。

不以坐禅为非

正德五年（1510），阳明三十九岁，奸党刘瑾等倒台，宿殃方得解脱，阳明重回江西，任庐陵县知县。在归路上对门人曰："谪居两年，没有可以倾诉的人，现在幸好与诸君相会，共同静坐，自悟性体。"后来阳明在寄途中书中说，所谓静坐，并非欲坐禅入定，盖为防止其陷入野狐禅之弊端。十一月入觐。由此继续仕途之路，弟子倍增。

七年（1512）十二月，被任命为南京大僕寺少卿，便道归省。八年（1513）十月，到滁州。从学者甚多，地僻官闲，乃每天在琅玡、瀼泉之间游遨，环月夕龙潭而坐者数百人，歌声震动山谷。他对大家当面进行点化教诲，门人各得其所，从游者愈来愈盛。

平汀漳

十一年（1516）九月，任都察院左佥都御史，受命巡抚南赣、汀、漳等地。当是时，汀、漳各郡皆有巨寇。诸治悉纷乱，良贼相混，不能辨别。为此阳明日夜焦心，考案出十家碑法。后更严厉兵制，训练乡兵以平盗贼。如此励精图治，百事振兴，朝廷给予阳明便宜从事之权。首次出师未超过四十日，便剿灭匪巢八十有余，斩获匪首首级八十六，从贼首级三千一百八十六。次年正月，攻三浰，两月即平。六月，以此功绩升任都察院右副御史，其一子入锦衣卫，世袭百户。

破心中贼

阳明虽在征战途中，也从未荒废讲学教化。曾经在书中写道"破山中贼易，破心中贼难"。七月，刻《古本大学》，著《朱子晚年定论》，启导世间之学者。八月门人薛侃刻《传习录》。九月修濂溪书院，教授来自四方的众多学者。阳明虽然文武之业并举，但是还没有达到其顶峰状态。

生擒宸濠

正德十四年（1519）夏六月，南昌府的宗藩宁王宸濠举兵谋反。宸濠本为一世英雄。阳明当此时，正为平定福建叛军而到达丰城，接到事变的报告，便直接返回吉安。七月十三日出发，秘计密略，二十八日乃生擒宸濠，平定江西全境。阳明功勋赫赫，盛名一世，嫉妒谗言亦随之而起，但其素养颇深，超然而不介意，讲学如常日，愈加进步。

揭致良知之教

正德十六年（1521），年五十。自谓忘患难，出生死，皆出自良知，乃提出良知之教。曰："我此'良知'二字，实千古圣圣相传一点滴骨血也。"

九月归余姚，省祖墓，访瑞云楼。想到母亲活着的时候，没有好好尽孝，祖母死后没有好好入殓，十分心痛，涕泗滂沱。十二月，以平江西之功，封为新建伯，禄一千石，世袭三代。偶值父亲诞辰之日，阳明乃为之做寿。父亲蹙然曰："宸濠之变时，大家都以为你死了，但是你没有死。皆以为此事很难平定，但是你却将之平定。谗构朋兴，祸机四发，皆以为你在两年前死了。天闻忠良显灵，幸得父子又在一堂相见。现在因为想起以前，虽为之幸，但又为之惧。"阳明洗爵跪曰："大人之教，儿所日夜切心者也。"阳明再辞封爵，终于没有得到批准。次年二月哭父。后来在越地讲学，文武之业皆达到顶点。四年夫人诸氏亡。六年邹守益刻文录。其年五月征广西之田州，次年二月悉数平定。

遗 言

十一月二十五日，过梅岭至南安。门人周积来见，起坐。先是咳喘，再问近来进学如何。周积问身体还好吗。答曰："疾病很重。"二十八日晚，在舟中泊宿，次日召周积来舟中，张开眼睛说："吾去也。"周积请留遗言，他微笑着说："此心光明，亦复何言。"随后去世，时为十一月二十九日。比中江藤树的生诞早八十年。至穆宗隆庆元年（1567）五月，追授新建侯，谥号"文成"。

学说：心即理

陆象山之心即理

陆象山的"心即理"学说，是从孟子的"万物皆备于我"得来的。万物之理，皆备于我。反省自身，契自然之诚，其乐莫大于此。我们的一切行为皆以我心为本。如果我们不向我心求得标准的话，言论行为就会背离天道之诚。以什么为乐呢？孟子以求放心作为学问的第一义。我们的理想，必定是应该以我心为本而显现，故云"心即理"。理充塞宇宙万物而为一。然而万物之理具备我心的话，学者之要务，就要以明确我心为根本。故陆象山曰："塞宇宙一理耳，学者之所以学，欲明此理耳。此理之大，岂有限量？"此理是宇宙之间存在的，未曾隐遁。天地之所以为天地，是顺应此理而无我而已，象山经常如是说。又曰："宇宙之间，典常之昭然，伦类之灿然，果何适而无其理也。"该羞愧的事情则以为羞愧而恶之，则为此理。知是其是，知非其非，也是此理。千百之事物，无非此理。故又曰："此理本天所以予我，非由外铄；明得此理，即是主宰。真能为主，则外物不能移，邪说不能惑。"更加明确的是"心即理"学说，曰："心一理也，理亦一理也，至当归一，精义无二，此心此理，不容有二。"爱父母的理想，敬兄长之标准，皆应求于我心。如果脱离本心去谋求事物之理的话，虽然终生劳碌也不可得。百事以究明我心为始，一心正明的话，则世间之百事没有不能解释的。故认了此心，是斯学的要点。抛弃此心而去他处求理的话，便是极端错误的了。

王阳明之心即理

王阳明的"心即理"之说，虽然是从陆象山而来的，然其越讲越明了。阳明曾经在《象山文集序》中写道："世儒之支离，外索于刑名器数之末，以求明其所谓物理者。而不知吾心即物理，初无假于外也。佛老之空虚，遗弃其人伦事物之常，以求明其所谓吾心者，而不知物理即吾心。"和佛老进行对比而论说，斥责世儒之通弊而晓谕，其理何其明晰。心即是理，学者之专务在于讨究此心，这亦是王阳明学说的精华。故又曰："夫物理不外于吾心，外吾心而求物理，无物理矣。遗物理而求吾心，吾心又何物邪？"所以将陆王之学称之为"心学"绝非偶然。斯学认为宇宙万物之理都应该谋求于我心，首先在此寻求言语和行为的标准。如果知道了寻求标准的话，进之必须表明知与行的关系。阳明之学是以简易直接为宗旨，避开丛脞繁衍，避开迂远的学理，以实事实行为主的学问，所以最注重知行关系。

知行合一

理想和实现

掌握了众多知识，但如果不实施于言语行为的话，不足以为真知，更不能说知之后而行之。说知时，行应该自在其中。也就是说，知是预想之行。从知得行，也可以说是从行得知。若不先知的话，便不能说行，也不能说理解到了阳明所谓的"合一"之意。阳明所谓的"知"，并不是耳目所闻之知识的意思，而是说不经过自己的体验而显现于事实的话，则不能为"知"。自己在实地体验，原本属于"行"，在此如果得到正确的"知"，也得到"行"的话，是为"知行合一"之时。其又认为，开始"知"之时，"行"也就开始了。"行"终结之时，也就是得到"知"之时。"知"与"行"并进，"知"为理想，"行"为实现。实现固然是理想的结果，不包容实现的理想，并不是真正的理想。所以阳明认为，理想的真切笃实的地方，即是"行"。实现明觉精察之处，则谓之理想。

故阳明曰："知是行之始，行是知之成，若会得时，只说一个知，已自有行在，只说一个行，已自有知在。"加上一段精察之后，他又说："知之真切笃实处即是行，行之明觉精察处即是知，知行工夫，本不可离。只为后世学者分作两截用功，失去知行本体，故有合一并进之说。真知即所以为行，不行不足谓之知。"

可知而不可行的

这个亲近、真切笃实之处的"知"，即为"行"。"行"的明觉精察之处，即为"知"。说得最为痛快的是，所谓不切身体诚的话，则不能为"知"。若误以此"知"为见闻之知，便不能直接发现不合理之处，因为世间虽然知之，却不能付之行的事情特别多。比如说知道了天体运行之理，却不知道该如何实行之。知道了潮汐满干之理，却不知道该如何实行之。

阳明主张的"知行合一"，无非是格物、致知、诚意、正心、修身、齐家、治国、平天下。是故，在"知"上预想到"行"，亦即在"知行合一"那里预想到心即理。换言之，要想使"知"和"行"合一，必须从心那里寻求行为的标准。不然的话，不求设标准于我心而想要做到"知行合一"的话，绝对是不能得到的。故曰："外心以求理，此知行之所以二也。求理于吾心，此圣门知行合一之教。"盖世之学者，往往专在外究物，在心外寻求物之理。于是在此产生了自反慎独的心学。

东西知行论之比较

"知行合一"说实际是王阳明的独自见解。求之于古今东西，虽然也有相似的学说，但并不一样。苏格拉底以知识即德性论著称。苏格拉底认为，善是知识之目的、行为之内容。没有知识就不能成为有能力的善良之人。知识是德之精，有知的话，也就是有德。没有拥有知识而施恶行的人。

知德因果关系论

然而，究其立言之宗旨，他以知识为因、德性为果，见其恶行之果，反求知识欠缺之因，才建立了知行论。虽然没有失去知识论之名，但是首先使其知的话，人必不得不行。故云以知为急要。这和阳明所说真知即所以为行，不行不足谓之知，其真正意义有很大差别。阳明毋宁是以行为急要，才说知行合一的。这些都可以从他的言论，以及他对世儒的激愤看出。

立言的旨趣不相同

而且他的知行因果关系论，是知行合一并进论。有的人说二者是相似的，有的人又说完全相等。说完全相等最为错误，为了便于说明而说二者是相同，也是不对的。只有稍稍类似的点存在。

已为因果关系，在因上得到人道知识的话，必然会在果那里将之实现之，这是毫无疑问的。人怀着理想，相信必然可以实现之，可谓"操之过激"。或止步于理想，不能实现的也有很多。可以断言，唯有实现才是理想之结果。如果有了理想，便必须确定让其实现的话，王阳明便不会特别建立"知行合一"之说了。主张合一并进说，是愤慨完全止于理想的阶段，不能实现的东西太多。且王阳明认为，不包容实现的理想，不足以谓真正的理想。这样的知行合一并进论，远比说明性的，同时又是标准性的知行因果关系论精密周到得多，所以我认为，知行合一说是王阳明的独到之见解。如果要想求得类似的东西的话，也许只有苏格拉底的吧。虽然先贤们曾经说过很多类似的话。

二种论者

然而，如将两位贤人进行比较的话，世间往往有人会提出异议。甲也许会说："苏、王二子之说，其立言之旨趣不相同，故进行比较而寻求类似点的做法，是没有什么益处的。"乙也许会说："二子之说，大体上没有什么不一样的，只有其精微之处稍微有些不同。"甲乙二者之异议，完全是因为其所见的方面不同。我们不拘泥原来的说法而对二者进行比较时，必须尽可能地判明他们所说的话的范围。例如，苏格拉底说有知识即有德行，是指有了真知识才开始有真德行，没有知识的德行，并非真德行，而且，没有德行的知识可以解释为并非是真知识。单解释成给予人真知识也即给予了行的话，其范围则是不同的。如果我们反复思索二子之语的表里，排除创导者当时的社会形势而进行比较的话，不难得到类似的点。也可说二者大概是同一的。然而，我们上面所讨论的，主要是鉴于创导者当时面临的形势，以其立言的旨趣为基础。后人的解说和创导者之意不相同的例子非常多；后人究明先人之说本来应该如此，将先人的思虑没有达到的意思表现于言语，但依然以之为先人之说，这难道是忠吗？我们毋宁称他们为独创者，不亦可乎？

致良知

阳明既说心即理，说知行合一，又说其关系。然而以上二教，毋宁说属于方法，附属于过程，还没有发展到发现行动。其还是形式范畴，如果不实践躬行的话，还不足以完成阳明之教学。为此，他提出致良知说。致良知说来自于《大学》的致知。阳明最先发明了良知之知、知良知之知。所以，阳明之学又叫良知之学。虽然"良知""良能"等字眼已经存在于《孟子》之中，然而这个"良知"即所谓"良心"。"良心"二字也在《孟子》中出现过。

四言教

阳明之四言教，即四字决，曰：

> 无善无恶心之体，
>
> 有善有恶意之动。
>
> 知善知恶是良知，
>
> 为善去恶是格物。

而且他又明示了良知和心之间的关系，那就是："良知本体，原是无动无静的，此便是学问头脑。"而良知是活动的，借用孟子的话，则是仁义之心："亲亲，仁也；敬长，义也。"仁义之心，人皆有之。仁义之心，也就是所谓良心。

良知即良心

良心是当今伦理学者最为重视的。所以，西洋伦理学者的良心论相当详细和严密。有人说，了解良心的话，就会了解伦理学的一半。大概应该是这样的吧。但东洋学者不太用良心这一术语，大多说仁义之心，或者说良知。所以"良知"二字，基本上是王阳明的专用名词。更有甚者，说良心不是良知，这便是没有探究明白了。

东西洋的良心论者

如果拿王阳明的良知之说，与西洋诸家良心说进行比较研究的话，疑团立即就解开了。然王阳明说的良知，有着最为深远的意思，他一个人的学说便网罗了西洋诸家的良心说。我曾经说过，综合西洋诸家良心说的话，才能得到完整的良心说。其后读了王阳明的良知说，才知我论之误，情不自禁地拍案惊叫三次"快哉"。

普遍性的

而且更值得赞叹的是，王阳明的良知说远远地超过了西洋伦理学者之说。良心是具有普遍性的，所谓普遍性的，即是不问种族如何、不论阶级如何、所有的人皆可通有之谓。然而也不能说一般人也同样拥有发达形态的良知。但是，良心具有根据教养而发达的性质。王阳明说："良知良能，愚夫愚妇与圣人同，但惟圣人能致其良知，而愚夫愚妇不能致。此圣愚之所由分也。"两说恰好相符合。

先天性的

良心是先天性的。良心是先天存在的还是后天获得的这一问题，学者根据不同的理论而众说纷纭。其大致可分为两派。一派认为是先天存在的，不是后天发现的。另一派则认为不是先天的，只是感情和外界刺激之成果。然而阳明的学说如孟子良心说那样，又如某西洋论者所述，其言曰："良知不由见闻而有，而见闻莫非良知之用。故良知不滞于见闻，而亦不离于见闻。"又曰："未发之中即良知也。"还说："见闻莫非良知之用。"这也许和另一派良心论所说良心是我们的指导者、命令者，一举一动不得不遵从良知之指挥的理论相似。

道理

良心为无上至尊的意志之声，是理，是道，然而最为简明。良心是最为简明的，更有论者说其不能再分析还原成其他元素。或良心是理，是道，人必须遵循于它而行动，是为世间无上之大法，遵循于它，便是善，与之相反的就是恶。为善则荣，为恶灭亡。王阳明曰：

> 良知是天理之昭明灵觉处。故良知即是天理，思是良知之发用。若是良知发用之思，则所思莫非天理矣。良知发用之思，自然明白简易。

又曰：

> 知行本体即是良知良能，虽在困勉之人，亦皆可谓之生知安行矣。

又曰：

良知即是道。

是故，顺应天理之道，即是致良知。良知对伦理说是至紧至要的，也是学者最应该注意的。

祖述者

阳明之养子正宪、子正德，皆不足以传承衣钵。最初的弟子、妹婿徐爱最具有素质，被称阳明门下之颜回，也不幸短命先师而去。钱德洪之笃信、龙溪王畿之精微、心斋王艮之超脱、聂豹之主静、薛侃之精研，其他的如何廷仁、黄弘纲、邹守益、欧阳德、王时槐、万廷言、刘文敏、南大吉、尤时熙等，皆高足之门人，名动一方。或者及门者，或者私淑者，不胜枚举。

黄石斋和刘念台

阳明的势力到明末还没有衰败，黄石斋、刘念台二氏勃然复兴。石斋以知止为学的，念台以慎独为圣功。二氏值天下之大乱，守仁臣之节，周旋于奸臣之间，扶持善类之危机，最终能与社稷共存亡。石斋执着，不肯降于奴儿，自闭幽室，与随从门人赵士超等四人一起，讲习吟咏，与常无异，然最终一起被杀。念台到南都之亡，毅然守节未变，绝食二十三日，门人随之，问答如常，最终离世。其门人三十五人，皆有愤然杀身之志。或为忠臣，或为义士，没有为王学者丢脸。

清朝和王学

秦始皇发挟书之禁，将民间藏书集中于宫廷焚烧，寻诸生四百六十人于咸阳而坑之。施策虽有刚柔巧拙之差，清朝承袭始皇之故智。清朝驱赶学者投入书库，与蠹虫相追逐，让其不能谈论天下之时事。从事于折中考证，宗旨于博览强记。柔弱的学者，循循然奉崇程朱，以字句之解释，为毕生之能事。元气沮丧，识见陋固，以至今日之衰退。阳明良知之学，为鼓舞独立不羁之精神。修养心术，涵养进取之气象，和愚民之政策不相合。所以阳明学不容于世。

日本之王学者

江户文学

我们在上节叙述了中国阳明学之梗概，现在再来看看我国之阳明学派。江户幕府初年，由庆长①、元和②，到承应③、宽文④年间，我邦之文教勃然兴起，实际呈现空前之伟观。藤原惺窝、林罗山之程朱学兴起，在幕府的保护下蔚然成一家。出其门下者有菅得庵、堀杏庵、那波活所、松永尺五等。南学则以谷时中为祖，有野中兼山、小仓三省等。他们分别雄视一方，名噪一时。石川丈山、山鹿素行等接踵而起。松永尺五门下有木下顺庵，木下门徒则有室鸠巢、雨森芳洲、新井白石、祇园南海等，人才济济。野中兼山门下有山崎暗斋，暗斋门下，则有三宅尚斋、浅见絅斋、佐藤直方等，而中江藤树，则崛起其间，倡导余姚之学。起初，虽然惺窝、罗山派兴盛，但暗斋派渐渐扩展其版图，到了万治、宽文的时候，占有全国的十分之三。其后及贞享⑤、元禄⑥年间，仁斋派占有十分之七。德川时代之文运达到了空前的境地，此三百年间，从承应、宽文到贞享、元禄期间，则

---

① 庆长为日本的年号，公元 1596 年到 1615 年。
② 元和为日本的年号，公元 1615 年到 1624 年。
③ 承应为日本的年号，公元 1652 年到 1654 年。
④ 宽文为日本的年号，公元 1661 年到 1672 年。
⑤ 贞享为日本的年号，公元 1684 年到 1687 年。
⑥ 元禄为日本的年号，公元 1688 年到 1703 年。

为黄金时代。

我国的王学以中江藤树为祖，藤树在阳明子八十年之后。此间王氏的遗书，似乎没有渡来我国，即使渡来了，也没有倡导者。我还没有得到这方面的文献，所以现在从藤树开始论述。

中江藤树

藤树早年修朱子学，自成一家。三十岁读王龙溪的语录有触发之处。三十八岁得《王阳明全书》，大有感会。于是除去旧习，倡导阳明学，以知行合一、致良知之说为根本主义。天资温厚至诚，纯孝无比，学德日新月异。名声藉甚，获得"近江圣人"之号，遐迩闻名，受其薰化而为善人者，有数千人之多。或者感化马丁，或者使轿夫感泣。让强盗悔过，顽民也感到羞耻而停止诉讼。学徒云集，成立藤树书院。及门者月进，蔚然自成一家。门人皆以躬行实践为宗旨，不乏有为之士。

熊泽蕃山

熊泽蕃山，藤树之高足门人。在藤树之门下，虽然只有几个月，但能得其精神，达处位之至善。蕃山的哲学纯然得于师传，没有什么独创之见，然却能实践藤树之学，达到效果者，唯斯人而已。蕃山天资英迈，有王佐之才。学成即出仕，辅佐备前①芳烈公，很好地发挥了其才能。蕃山在冈山，总理国政，作为天下之政家，游江户，交结公爵侯伯。四方之士慕其才华，闻风而至。然蕃山以大经纶任为己任，不墨守区区学说，终于不能安于王学的范围内，超然达到了取朱王而并进之自由主义境界。其门人不过三十余人，能继承其衣钵者，终不得闻。然而，蕃山根本精神的修养取自阳明学一事，是不容置疑的。

---

① 即备前藩，今冈山县。

北岛雪山

熊泽蕃山十九岁时，北岛雪山出生。幼年跟随图南堂[①]，讲学和修习书法。资质宏达不羁，崇阳明子之学。时值熊本侯命令国中禁阳明学，雪山乃上书，言为爵禄变道，非大丈夫所为。引退后漫游诸国，以书法闻名于世。然其不以书法熏陶门人，而教之以立君子之大道，重视培养人才。

三宅石庵

三宅石庵，比三轮执斋年长四岁。幼年耽学，喜陆王之学。历游三都，英名翘然而起。弟子云集。和中井甃庵等一起相谋，请求官方建立庠序，取名为德怀堂。众皆推石庵为堂主，坚辞不受，遂领祭酒之事。石庵善书法，据说一个字也要与人争个高低。

或者有评论石庵者说：世间称石庵之学为鵺[②]学问。此其首为朱子，其尾为阳明，其声似仁斋。鵺之鸟，白翼黄足，首有文彩。石庵资质朴素，沉晦自养，以育英为任。

三重松庵

三重松庵，垂帷于京都，以阳明良知学教化弟子，深厌朱子学之弊。著《古本大学讲义》数卷，又在元禄十五年（1702），为门人撰写了《阳明学名义》二卷，推演阳明学之意，述要领十七条。以方语演说，以国字记录，使得初学者更加便利。和三宅石庵和三轮执斋是同一时代人。

---

① 图南堂，名日收，生卒年不详，当时为熊本妙永寺住持，善书法。

② 鵺，音 yè，是日本传说中的一种妖怪动物，出现于《平家物语》当中，它拥有猿猴的相貌、狸的身躯、老虎的四肢及蛇的尾巴，没有翅膀却能飞翔，叫声像虎斑地鸫，被认为是不祥的叫声。

王学论谈

当时暗斋门之俊髦佐藤直方，著《王学论谈》，非议阳明学。然而，原本就是一家之僻论，不足以取。直方尝断论赤穗之四十七士[①]为横暴者，也算是一种见识。但将我国举世无双的忠臣义士说成是横暴者，以这样的见识来谈论王学，可以推知不得其当。

三轮执斋

同石庵前后崛起的，为三轮执斋。最初，执斋十九岁入佐藤直方门下，后独习阳明子之遗书，有大悟。执斋闻藤树之道德、蕃山之事业，奋然而起，直接成为与之为伍的人，以学问和文章闻名一世，标注《传习录》，和解《古本大学》，向世间普及阳明学。当是时，如伊藤东涯、物徂徕，硕学鸿儒，东西崛起，相互争雄。执斋自任专讲道，以著述为事。其门游者虽然甚多，能传其衣钵者，唯有川田雄琴。

川田雄琴

雄琴是精思力行之人，仕伊予大洲[②]侯，行其道。雄琴死，不得其传。当时，以近江为中心，京畿内信奉阳明学者不少。石天勘平、手岛盖岳等，或著书，或以教授推广心学。又有一个叫石川的人（其名不详），著《藤树先生学术定论》，大概模仿王阳明之《朱子晚年定论》之例吧。该书又云为雄琴所编。

---

① 指日本史上著名的元禄赤穗事件，发生在江户时代中期元禄年间，赤穗藩（今兵库县赤穗郡）家臣 47 人为藩主报仇的事件。
② 即伊予国的大洲藩，今爱媛县大洲市。

中根东里

中根东里，最初以孝显名，后来又入禅，三度沉溺文章，名动徕门①。最终悟修辞之非，完全归依阳明良知之学。与雄琴同时崛起，虽然游江户宣扬阳明学，但是未能达其志。后年转居下毛天明乡，大力提倡斯学。东里以天地万物一体为教义之根本。

王学郁闷

其后大概五六十年间，王学衰颓，沦为诸国末流之传统，旗色不鲜，声焰不张。加之朱子学日益根深蒂固，枝叶繁茂；仁斋、徂徕之古学之隆盛，热衷于折中考证，天下滔滔向之。而且幕府取朱子学作为正教，终于在昌平发出了异学禁制之令。为此，争荣趋名之徒，靡然奔向朱子学，故世间没有了复倡导王学之人。

镰田柳泓

镰田鹏，号柳泓，南纪②人。于宽政③享保④之间崛起，振兴心学，著书有《四名公语录》，另外还有四十多卷，一时以学德著称。主要特点是简易实用，不以诗文为事，所以不为世间之学者得知。

梁川星岩

梁川星岩也是到晚年才潜心王学，独自涵养。虽无活泼之事业，但气格高迈、规模宏大，原本就与寻常诗人不同，这个大概是从他独有的素养

① 徕门指日本古学派荻生徂徕门下。
② 即南纪藩，今和歌山县南部。
③ 宽政为日本年号，公元 1789 年到 1800 年。
④ 享保为日本年号，公元 1716 年到 1735 年。

而来的吧。

竹村悔斋

竹村悔斋，喜好陆王之学，实行知行合一之宗旨。入仕于举母藩[1]，除掉奸宰津村某而后自杀。所以其学并未大成，知其人者甚少。然而，他平心中贼，又有平国家贼之功，终究没有白白故去。凡逐世间之事者，夸则长，猛则短。悔斋之行为是短而猛者。虽稍有过激之迹，但也没有丝毫诋毁知行合一之教旨，堪称快举。后之欲为事业者，学习悔斋的话，必定会避免优柔不断之谤。

大盐中斋

幕末文政[2]天保[3]相交之际，大盐中斋挺眇小之身躯以抗大势，毅然崛起，宣扬锐意王学。然而可惜的是，中斋不得其时，空有一腔孤愤而不能伸。绝叫一声只为救民天诛，只剩下浪花一片。中斋资性，孤峻峭拔，清廉刚直，于阳明学之创见不少。如太虚说之类，最为显著。其性格或许很难与藤树、蕃山相比，论哲学之创见，则超过二者甚多。

佐藤一斋

同中斋同一时代的，有江户的佐藤一斋。一斋以硕学闻名于世，遭遇时运，虽得地位，终究没能公开倡导阳明学，以所谓"阳朱阴王"主义而终。然一斋深信阳明学，见其文章，征其门人，是不容置疑的。

一斋之门有吉村秋阳、山田方谷、奥宫慥斋、池田草庵、村上量弘等，皆以纯正阳明学者而为世人所知。

---

[1] 即三河国举母藩，今爱知县丰田市一带。
[2] 文政为日本年号，公元 1818 年到 1829 年。
[3] 天保为日本年号，公元 1830 年到 1844 年。

吉村秋阳

吉村秋阳，安艺广岛人，一时以学德推崇于世。教子弟，则根据其人而成器。经常训诫不落于训诂之陋、不立门户之见、不依赖一知半解之精等三条。著有《读我书楼遗稿》，一读则足见其大肆鼓吹王学之状。秋阳之友林良斋，也以王学著称。

山田方谷

山田方谷，在备中松山①，倡导实用经济之学，为隐然重镇。其门下有河井继之助，为越后长冈藩之总督，在维新之际殉国难。三岛中洲、冈本巍和宫内默藏等也出自方谷之门。

奥宫慥斋

奥宫慥斋是土佐阳明学之开山祖师。其门人有尾崎枢密顾问官、南部男爵、中尾拾吉、丁野远影、小畑美稻、中江兆民居士等。

池田草庵

池田草庵是但马②人。其以育英为任。在世间著书数种，在草庵门下受学者颇多。

春日潜庵

春日潜庵原为赞岐守③，在幕末多事之秋崛起，虽终其身不能成其志，但言行没有为王学者蒙羞。其教旨在于说"本体即工夫，工夫即本体"。西

---

① 即备中国松山藩，今冈山县高梁市一带。
② 即但马藩，在今兵库县北部。
③ 赞岐即今香川县，守为最高行政长官。

乡南洲深深仰慕潜庵的为人，曾派其弟小兵卫及门下之士十数人，在潜庵之门下学习。末广铁肠亦出自其门下。

伊藤茂右卫门、西乡、大久保、海江田等诸氏

当时，在鹿儿岛有个叫伊藤茂右卫门的，偶然读到阳明之遗书，深深喜欢其旨趣，之后以王学教授弟子。西乡隆盛也自修阳明之遗书，稍稍有所感悟。乃劝大久保利通、海江田信义等继承伊藤茂右卫门之王学。而后相互往来读《传习录》等，所得颇多。

在幕府没落之时，其他的崛起之英雄豪杰还有佐久间象山、锅岛闲叟、吉田松阴、高彬东行、云井龙雄、横井小楠等，皆以阳明学练其心胆，提高气格，贯道理于心肝，填忠义于骨髓，谈笑生死之间，成就撼天动地之大业。

概括

我在前文已经略述了中日两国阳明学之大势，下面想论述阳明学之性质，以及彼我两国学者之差异。

阳明学之性质

大凡阳明学，犹如含有二种元素。一曰事业性的，一曰枯禅性的。得枯禅性元素的，则足以亡国；得事业性元素的，则可以兴国。然彼我两国之王学者，各得其一，也遗有实例。

彼我之王学者，虽均立于仰慕王文成公之遗风，其所得却不相同。大概这是因为彼我两国民之性质，已经有不同的地方。不只有王学，凡异域传来之教养，一定要在加味一种日本性质之后，方才始奏其功，我们在王学那里，见到了最显著的特点。

中国阳明学之弊风

现在为了看清彼我两国王学之差异，让我们暂时先着重考察一下中国王学之状态。当湖先生陆侍御①，尝评论王学曰：王学"败坏风俗，致明季之丧乱"。恰如孟子之口积极排击杨墨。孟子大骂杨墨，说是"禽兽之道"，因为其目击了末流之弊习。一代之名儒陆侍御，如此强烈批判，并非偶然。这完全是中国王学末流之罪过。王学者或者以陆侍御之言为"酷评"，但他虽说是尊奉朱子，然也并非如此。我们在此与其说左袒陆氏，还不如相信之。

明末之王学者流，纷纷扰扰，不是野孤禅，则是虚老，和晋代竹林之醉士们一样，没有丝毫可取之处。如蔑视礼仪、不顾道德、纳权门之媚、公行贿赂之类。也可认为这些只是末节，不足以论。也可以说，还未戕害到我心学。

唯黄石斋和刘念台二子，学问事业兼备，终能全其忠节。作为王文成公之徒，没有侮辱门风之处。如龙溪之精微、心斋之超脱、近溪之无我，但于高尚之处，离文成公甚远，最终完全失于枯禅，无可奈何。然而，三子依然可以宽恕，三子末流之弊，则到底难以宽恕。

如此明末学者，致使社稷灭亡，使得后人得出了亡国之学的酷评。故在当时之中国，一听说阳明学者，会直接联想到枯禅孤老、放荡狂逸。所以我们断言，中国王学者得到的是枯禅性元素，遗失的是事业性元素。

日本阳明学之美风

与之相反，日本阳明学的特点，在于出现了一批活动型事业家。藤树

---

① 指陆陇其（1630—1692），原名龙其，因避讳改名陇其，谱名世穮，字稼书，浙江平湖人，学者称其为"当湖先生"，清代理学家。此语见《三鱼堂文集》。

之大孝、蕃山之经纶、执斋之薰化、中斋之献身事业，到维新诸豪杰之惊天动地之伟业，皆是王学所赐予的。与当时中国的阳明学派相比，我国的阳明学派带有一种凛然之生气，懦夫也可立志，顽夫也有清廉之风。此为两国民的性质之所然也。

我国民之性质

日本国民之性质与中国相比，在于义烈而俊敏，且更倾向于现实，富有实践的性质。所以，虽偶然获得微妙幽玄之理论，也加以研究之，但在还没有究明其之奥秘时，便立即加以实行，如果不能实行的话，则终不取之。即使是些玄妙精致的哲理，一旦通过我国学者之头脑的话，便直接得以日本化而得以浅显化，将其便利部分加以发展，而那些抽象、纯正、高尚的部分，或者被怀疑，或者被废除，见不到其发达。在我国，最为高妙幽深的，是真言、天台之二宗，在平安朝被专一加持祈祷，又尽瘁于本地垂迹说。德川时代之诸儒，取舍宋学之理气说。近时之学者，选择西洋哲学，皆不得不如此也。康德之哲学，不管多么精妙，我国人只是以日本的眼光，窥测到了片鳞只爪而已。但是大家都认为自己窥得了彼之全貌。这样的情况不仅仅限于康德。

然再进一步说，我们在此将阳明学分析为二种元素，是针对其后辈，而不是针对王文成公本人而言。王文成公乃文武兼备之士，其学博大无边，其事业垂然赫赫青史。以简易直接为宗旨，有顿悟之风，但却流于野孤禅。继承后世之王学者，唯有仰视其顿悟之风，以其心法为事，不顾其学问事业，以沉思默坐、面壁数息为此道之真本领。

王学之得失

即使不然，粉饰外观顿悟，崇尚狂逸，终至蔑视人伦。这是末流之弊，故招致亡国学之谤。然而，不能说阳明学原本没有包含这样的素质。这本是王学的特色，所以功罪同之与共。只是应该回顾学者的性质如何。我国人幸而以其善美元素为主，事业和学问兼及，才得到了好的结果，这是彼我两国王学派所以不相同的地方。

本书之微志

方今我国奎运隆盛，教育事业本已齐备。然而其重视的是智育，而不在品性之陶冶。以读书登第为教育之能事，实乃有识之士深叹之处，对此加以矫正是不容易的。偶有具眼之士，讲究救济方策之人，似乎也不能奏其功。阳明学是简易直接之学，简易则容易进入，直接则容易进行。容易进，不能不进，以阳明学为最。特别是精神之修养，人物之铸造为阳明学之长处。以日本阳明学和中国阳明学相比较，其差异如前文所述。是以我们研究日本阳明学的历史，为的是向学界贡献微薄之力，再就是期待以之来加强青年之精神修养。唯恨识短才浅，无椽大之笔，不能很好地宣传光大伟人杰士。然而，读者若不以文害意的话，古今之活动型伟人，或将跃然而起，能成为诸君养怡精神、提高气格的朋友。

本论

第一　中江藤树

生长

中江藤树，讳原，字惟命，通称与右卫门，号默轩。公元 1608 年，庆长十三年三月七日，出生于江州①高岛郡小川邑。幼年颖悟，崭露头角。元和三年（1617），跟随祖父吉长，移居伊予大洲。吉长是风早郡之宰令。

就学

藤树年十岁，跟随塾师读庭训式目等书，咏读数遍就可背诵之。祖父吉长大喜，每对客人提起都极力称赞。然而，藤树自己还并不满足，认为人生应当做的事情，绝对是比此还要大的事情。十一岁时，开始读《大学》，读到"自天子以至于庶人，壹是皆以修身为本"，叹曰："幸哉，有此经存在，难道还学不成圣人吗？"感动哭泣，泪沾衣裳。

期待报恩

年十二岁时，吃着饭突然放下筷子，责备自己说："这是谁所赐予的？一则是父母，二则是祖父，三则是君主，不能忘记三者之恩。"六年（1620）夏，风雨不时，五谷不登，风早郡灾情最为严重。有个叫须卜的奸

---

① 即近江国，日本古代的令制国之一，属东山道，又称江州。领域滋贺郡大约为现在的滋贺县。

人，煽动郡民暴行，被吉长探知到了而罪之。之后须卜之子为了报仇，乘夜在吉长之宅放火，企图谋杀之。

藤树之胆勇

吉长命令藤树，每夜在其庭内巡察。一晚，须卜之子率徒来袭，知其有备而去。吉长藤树，打开门追之，此时年仅十三岁。然其意气安闲，神色自若。家人服其勇胆。是年冬，吉长带着藤树从风早郡回到大洲。藤树认为，吾素长于田野，现在骤然接士大夫，假使言语动止、礼节有不同的地方的话，恐怕为其笑侮，因此日思夜虑。年十四岁时，一天晚上有个大夫来找吉长谈话，藤树以为，这是执国政者，器识应当与常人不同。乃在隔壁侧耳听之，终夜之言论，平平凡凡，没有什么奇特之处，藤树很是奇怪。八年（1622）九月，吉长去世。藤树遭遇大丧，面显哀痛色。后来，渐渐谨慎言行。

朱学时期

宽永元年（1624），京师有僧侣来讲《论语》。当时大洲的武士崇武卑文，无人前往听之。藤树独自前往学习，乃读得《四书大全》。然而，还是害怕别人议论，白昼乃与诸士讲武，夜晚才对灯读书，未到期年而学业大进。宽永二年（1625）正月，父吉次去世。讣至，藤树恸哭，归欲葬之。有因而未果，藤树开始产生了引退念头。四年（1627）夏，用儒礼改葬祖父吉长。

格法家

当时，大洲的士人感藤树之言行，志学者有之。藤树得同志而大喜，乃和中川贞良等讲习经学，以兴斯文为己任。当时，藤树只崇奉朱子学，动辄用礼法自持。曾访问一个叫儿玉的人，偶然有一个叫荒木的人在座，直呼藤树为孔子。藤树怫然曰：从孔子去世已经有两千余年，现在你以我为孔子者，岂不是对我所学之文的嘲讽吗？学文只是士之常，士无文与奴仆有何异？某愧而不去。

六年（1629）冬，乞暇省江州母亲。九年（1632）春，又乞暇归省，欲让母亲回大洲养之。母亲年老，不想去他乡，乃不得已而返回。途中患咳喘。

风书之感

十年（1633）正月元旦，藤树读《皋鱼传》，读到"树欲静而风不止，子欲养而亲不待"，思母不已，乃赋诗曰：

> 羁旅逢春远耐哀，缗蛮黄鸟止斯梅。
>
> 树欲静兮风不止，来者可追归去来。

为了孝养而辞官

十一年（1634）三月，藤树弃官而去。在此之前，藤树以母亲无养老服侍之人，屡次陈情引退。侯重其为人，且恐怕其被他藩聘请去而不准允。这年又上书执政佃氏，苦请辞职，并发誓决不仕二君，但仍未得到批准。是以先寓于京师的某氏，以待罪百余日不至逮问，才回到小川邑。

乡村先生

最初，藤树从大洲离开的时候，将俸米若干斛藏于米仓而加锁，倾尽家财，悉数偿还所欠债务，余钱三百，乃将二百钱分给了仆从，让其回家。余钱仅剩百文，不能为生，乃当其佩刀，获银数枚，以之买酒，亲自当炉卖之，又放债收利息，以收薄利之息，乡人到期后没有不偿还的。又召集邻近子弟讲学。一日对门人曰："我回到小川邑已经一年，开始感觉此心稍稍安然。故睡不着的话，则贴着席。响声犹如在大洲，夜就寝后，别人只要呼一声的话，会马上醒。"自言自语地说，似乎有点像《论语》所谓"寝不尸，居不客"。想来，这只不过是支撑矜持之过而已。

教了佐

十五年（1638），大野了佐来受学。了佐性鲁钝，请学医。藤树授之以《（医方）大成论》，通读数百遍，不能记一字，后渐进，了佐终于成了医生。藤树一晚对诸生曰："我对了佐费尽了精力，然而，如果没有他自己勉励之功的话，我也不知道应该如何做了。二三子的天资不是了佐可以比的，只要有志向的话，就没有做不成的事，唯欠一个'勉'字而已。"

怀疑朱学

由此，藤树先讲"四书"，凡日用常行，希望都要遵守圣贤之遗法。在此，稍稍觉得有阻碍难行之处。进而取"五经"而读之，颇有感发之处。乃著《原人》和《持敬图说》。十六年（1639）建成学舍，乃撰《藤树规》及《学舍座右戒》。年三十三时，读《理性会通》，有感祭太乙神。后来形成月例，曰："祭天之礼天子为之，如士庶人者，则祭太乙神可矣。"乃撰《太乙神经》，还未完稿，因患疾而终之。还深深地尊信《孝经》，坚持认为是孔子之遗书，每朝拜诵之，且揭"爱敬"二字教诸生。

阳明学的曙光

豁然贯通

这年冬，获《王龙溪语录》，读后觉得其多用禅语而患之。之后，见到《阳明全书》，乃释然有悟曰："圣人一贯之学以太虚为体，异端外道，皆在吾范围内，吾安忌其言语相同乎？且当时学禅之徒甚多，如果让他们读之的话，则知吾道至大无外，且会自悟其非吧！"其救先贤世之苦心可想而知。十八年（1641）七月，熊泽蕃山来求学，藤树以未熟而辞退。坚请，乃许谒见。冬十一月再来，门人渊田某恳请不止。藤树被其志感动，终于授业。

悟拘泥之非

是年，藤树始悟拘泥之非，对诸生曰："余曾信朱学，命汝辈专以小学为准则，现在方知其拘泥之甚。守恪法和追名利，虽不能同日而语，但在会伤害真性活泼之体方面，则是一样的。汝辈读圣贤之书的话，应该很好了解师意，勿拘泥于其迹。"听者兴趣大起。年三十七时，得《阳明全书》而读之，沉潜反复，大有所得。在此之前曾做《大学》之解，经过三次，未得格物致知之要，忧心忡忡，至此，解其致知，见为致良知，乃默坐澄心，验之人情，考之事理，质之《诗》《书》《语》《孟》，觉得没有不吻合的。于是豁然开朗，多年之疑，终于得解。此后经常为学者说止于至善之工夫。

终焉

藤树多病，曾试图著《四书解》，因患疾病，仅完成数篇而已。藤树病势危急之时，凭几端坐，远离妇女，召集门人曰："吾去也，谁能任斯文者噫？"言毕，闭目去世。时为庆安元年（1648）戊子八月二十五日。享年四十一岁。门人相会，用文公家礼，葬于小川邑玉林寺先茔之侧。邻里乡党，携老扶幼，涕泣送灵柩，如丧亲人般。备前方烈公闻讣，派臣子熊泽蕃山前来给逝者送葬。后来邑人修藤树之宅为祠堂，春秋奉祀，至今未废。

世界观

藤树认为宇宙是从太虚生出来的，太虚以礼为体，以气为用。太虚只是理气，而理寂然不动，气则流行活动；理虽寂然不动，至神而感。且感有动静，所以动生阳，静生阴，此感即太虚之原动力。感是太虚之用，气之流行活动由此开始，故在先天，理气合一。一动一静，互为其根，生生不息，终生天地，天地亦生人生物。

宇宙的本源

考察以上之意，宇宙无始无终，却是太虚所生，而太虚只是理气而已。其理气自无始以来，作为法而存在的。且一静一动，相互为根，生生不息，则应该看作无终之意。这是藤树进入纯正哲学之处。又云："太虚只是理，换言之，是唯一之气。理是气之德，一气屈伸为阴阳，阴阳为八卦，八卦为六十四爻。从此以后，一理万殊，言语不尽，天地万物之理极尽，以理为主而言，为理之形，动静是太极之时中。"

东西学说比较

以五行为创造宇宙五种元素之说，中国从太古时代就有之。再证之于希腊古代哲学，泰勒斯以水为天地万物之本，阿那克西美尼以空气为万物之元，赫拉克利特以火为万物之元，恩培多克勒以水、土、火、空气为万物之元。和中国的五行说大致相似。洪范五行说是中国五行说之渊源，古今一辙信之，遂成为东洋的普遍说法。

元素

以五行为万物之元素的说法，虽然在东洋源远流长，但在西洋经过细致的分析，终于达到了六十有余的元素说，而且还未穷尽。然而，以五行为万物之元之说，也不能说是错误的。只是化合体之物，已经附于元素之名，在此之外，还存在着许多尚未探究之元素。

摘要

总之，藤树的宇宙观认为，宇宙由太虚而生，太虚只是理气，万古而无始终，中有阴阳五行之活动流行，生生不息。即认为造化是无穷无尽的，故知太虚乃是自存之绝对存在。这和耶稣基督以天地为上帝创造之说，是完全不同的，藤树说理气活动流行、生生万物不尽。然而，这种说法无非是儒教古来之相传而已。

人生观

天人一贯之说

藤树专门提倡天人合一，曾多次尝试其配当。看破人是小体之天地，天地是大体之人，太虚即心，心即太虚。然而，说人是小宇宙、人是宇宙之模写的说法，也是西洋哲学所提倡的。在王阳明的学派中，经常以"合一"，或者"即"字为一贯手段，而以唯心论巧妙地说此一贯。藤树能继承此学风，以说天人合一为伦理之基础。其言曰："人其形虽小，但有太虚之全体，故唯人性有明德之尊号。所以人是小体之天，天是大体之人。人之身合于天体，一点不违。呼吸之息，合于运行。元亨利贞为天地造化的神理，在人则云仁义礼智。天地人云三极，形虽然不同，其神一贯周流而无隔。理无大小，故方寸和太虚本来相同。"又曰："心是以空为体。故云在天地万物间没有不能感应的事情。心是以生生之理为神，云作为日无不能生之事，是以性。性是心之本然。"

二气五行

又曰："无极之理，妙合二气五行之精为人，明德具，云之性。性中自有仁义理智之条理。"又曰："我心即太虚，天地四海也在吾心中。"后来大盐中斋提倡太虚主义，证天人合一，大多以此为渊源。

恶之起源

如此说天人合一，以天之道为至诚无息的话，可由此直接推论出性善说。至于恶是由什么生的，则需要进一步说明。然而，藤树以水之清浊说性之善恶。这是宋儒所提倡的，以浊比为气禀之浑浊。

修德之工夫

概说

藤树的修德工夫，可从前文内容直接推究得之。天是大体之人，人是小体之天，天人合一，则其心存太虚之德，并致力于不丧失，这即是修德的最大要义。然而，外界之诱惑，不断地损亏太虚之德，妨碍和天的合一，只有将之排除，才能全其德。若天理存于心，可去除邪欲的话，小之人则可与大天合一，常全天德，可成"天地位焉，万物育焉"的广大之德。修身、齐家、治国、平天下之大业，皆是以去除心的邪欲为基本。和孟子所说"学问之道无他，求其放心而已矣"完全相同。而"大人者不失赤子之心者也"，也不过是存天性之德无邪欲之谓而已。按照藤树的说法，伦理学、政治学等学问，无非都是如此修德工夫而已。藤树继承阳明子之学，说修德工夫，具有实用性而不驰于空理。

概评

如前文所述，藤树所说修德工夫，以格物致知诚其意，以诚意正其心，从此始脱离小人心状，可得入君子之心状。君子之心状即太虚，能达到这样的状态，即《中庸》所谓"天地位焉，万物育焉"之德。为此不能不考察藤树关于格物致知及诚意之说。

致知格物

致知

藤树解释致知格物曰："致知格物是诚意之眼目，入德之门户，成圣之途辙，学者用力下手之实地，成圣学始终之所以。"然而诸说纷纭无一定说。朱子以致知之知为德行之知，即所谓"心者，人之神明，所以具众理而应万事者也"。然而《朱子集注》对知的解释，还是说如诚，这是想矫正陆象山之末流欲断灭识从而流于虚禅之弊，故朱子解释说，他日知是本体之知。所以藤树说"王阳明忧此弊，解致知之知为良知，由此致知之意愈真切明白"。

格物

其论格物曰："朱子解物犹如事，虽然后来学者皆袭用，但仍有未尽之处。窃意以为，事即五事而已。所谓五事，为视听言动思。天下之事千种万端，但没有离开五事的，离开五事的话，便没有天下万事。五事是万事之根本、善恶之枢机。故五事皆从良知，则天下之事无不善。五事皆脱离良知，天下之事无不恶。所以《尚书·洪范》的九畴，有天道，有人道，天道以五行为本，人道以五事为根本，可以此为证。"又曰："致为至，格为正。"

藤树虽然也不是没有妄言之迹，但也颇有独特见解。其试解"事"字，立先人未发之言，而定于五事。朱王之说有些抽象而漠然，藤树做了具体说明，断然解释成视、听、言、动、思五事，其功甚多。

诚意

藤树论意曰："意为万欲百恶之渊源。故有意时，明德昏昧，五事颠倒错乱；无意时，明德明彻，五官从令，万事中正。是以开示圣人之德，则曰：'子绝四，毋意、毋必、毋固、毋我。'教《大学》之道，则曰诚意。人之欲心为昏迷万端，只以意之一字，或明圣德，或开示学术，指点其他弊习之旨趣，值得注意。然而，朱子于《大学》训示意是心之发之处，于《论语》训示为私意，似乎相互之间有差异。阳明经过深思熟虑，也遵从朱子之解。现窃以为，还有未明确之处，即心之所发，本来灵觉，有善而无恶者也。凡心之起发，有善有恶，是因为有意之伏藏在心里面。"

意之解

然则恶念从意之伏藏而发，不是本心发现。然只要认同发之处，善念亦为意，恶念亦为意之时，善恶之根源不分明。且只排斥所发，不讲究省察克治意之伏藏病根而发，则似乎缺乏端本澄源之功。意是心之所倚，诚意之意和绝四中之毋意之意本无异义。总之，圣之所以为圣无他，唯诚意复圣人毋意之明德。圣德本立论于本体自然之上，所以说毋意。《大学》在此着力立言，曰"诚意"。"诚"即纯一无杂，真实无望之本体，即良知。心之所倚之处，顺从良知之诚时，云倚则并非邪僻，而是以倚为至不倚，倚也犹如不倚，诚意之立言，切实乎？精妙乎？

评论

藤树对"意"的解释极为偏固，以方今心理学者所谓"意"去观察的话，其几乎接近妄诞。藤树以"意"为恶，说"意"是万恶之根源。然其与朱王之说不合，似乎也有特殊之见，但不足为取。王阳明在四言教说，"有善有恶意之动"，这是万古不易之确言。藤树以无意合符自然，欲绝灭意之作用，且认为诚意之意和毋意之意同义，恐怕非也。因为我们在世，欲为善或为恶，无不是"意"在产生作用。然而，藤树以"意"为纯恶，说会害善。这难道不是和陆象山之末流企图灭绝"识"有相似之处吗？

教育

分前后二途

藤树最初以朱学为宗，之后归王学。故教化弟子之方针，也自分为前后二途。最初专以格法为主，以朱子之小学为标准。归王学之后，以心法教弟子，乃自书"致良知"之三大字，揭于楣间。藤树自己最初作为严肃的格法家学习朱子，之后仿效浑然通达王子，故屡屡告诫诸生不要拘泥于从前之非。

藤树归乡之后，召集弟子教授圣学，每日从远近而来的学习者众多。藤树为诸子建一栋长屋，号之"会所"，在此处讲书，又时时召集诸子谈话，观察其教育状况。

藤树常劝诫曰："一个农夫的任务和自身的任务，都是同样的。"参加会读，在座之人的议论不深入时，则说都是说的枝节问题，我们应该谈正经的。于是拂袖而去。

取舍

又曾曰："不论是《大学》还是《中庸》，皆经之一章，《论语》记圣贤之言行，于今也有些不合之处。"所以只教授诸子必要之处。

立志

又曾劝诫诸子曰："学问之初以立志为先，立志发愤，别无他法。此学是天下第一等学问、人间第一要义，不可做别的事情、走别的路。"

藤树讲《孝经》，说到"非先王之法服不敢服"时，说此"法"字是以水去之意，应该更加着眼此字，水活泼周流不凝滞，圣人之法式因国风，因时与位，立中正之极，一点也不违背人情。

不凝滞

藤树之学术为日新之学，丝毫没有固滞之处。教门人也以达时虚位致至善为最紧要之事。藤树的日新，从许多事情可以看出，现仅举一例而说明之。

藤树经常对门人说："曾赠山田某《三纲领解》，其至善之解里，有事善心不善者非至善，心虽不违善，事不中节者也非至善。"当时未免支离之病，乃陷此误谬。心事一也。"心善则事亦善，事善则心亦善，天下未有事善心不善，心善事不善者。"大概前解是出自朱子，后解是出自王子。

善恶的标准和疑问

有人问道：所谓善是何意？主观为善之处，未必有客观之善，中节和善，有没有差异？曰：所谓"心虽不违善，事不中节者也非至善"，不是真理。藤树在窥得唯心说之奥秘后，改口说"心与事一也"，似乎有不及前说之感。这也许是不肖浅学之致吧。曰：然，吾子未达心事合一、主客一贯之理也。

藤树虽然多次受到诸侯招聘，但丝毫没有赴仕途之念，皆以病辞之，专心一意从事熏陶子弟和著述。故一言一行，也皆为进学之过程。

诗歌

其门人归省或宦游之时，一般要赋诗讲其所读书的意义。其他接事应物，也尤不以修德之工夫。现在摘记数首于下文：

送森村氏

森村子好学志道，不得已干贫仕，东奔西走，尚未得其所。虽无闲暇，但以其志之厚，来访予之草庐，为讲《原人持敬图说》，临别赋拙诗一首，为以成美之事。

世间富贵片云轻，夭寿常尊知足荣。

西走东奔还可喜，常心庸玉汝于成。

送中村子

中村子来志学，向予求《大学》之讲，既终篇而其志弥笃，欲慎其始终，故临别时，赋一绝句，为诱掖之一助。

八目工夫请勉诸，浩然真气复其初。

死生贫富我何与，一片浮气过太虚。

死生首尾吟二首

生死浮云昧，心即太空序。

无波水结冰，冰解复常水。

同上

湛然虚明一池水，严凛寒风坚冰至。

春来风光和煦时，湛然虚明一池水。

明德首尾吟

乌云遮明月，

云散月复明。

同上

原是太虚月一团，怒雷阴雨甚无端。

阵阵西风云霁后，原是太虚月一团。

自反之赞

仅愿乎外，邪火妄动。

胸中焦热，烦躁不恬。

一念自反，水升火降。

焦热倏消，清凉满腔。

大本时立，达道溥通。

大上真乐，自在此中。

自反

映见向心之水镜，

乌云遮时身亦影。

慎独之赞

心之良知，斯之谓圣。

当下自在，圣凡一性。

微有动气，侬慎独名。

提撕警觉，太阳已出。

昏迷自明，云行雨施，天日自若。

慎独

迷惑五官天之君，

必要时成朋友乎？

止善诗

春花秋叶已移去，唯剩无色之根柢。

至善不止苦不尽，海水荡去欢喜国。

良知

在外愿求百思案，

良知之外无利得。

甲申之岁旦

旧年之冬与同志讲《诗》之《周南》《邵南》，至腊之下浣终篇，是以赋其体察之一得，以为试毫之事。

穆穆文王不显春，梅花莺语二南民。

何为后学不兴起，豪杰唯人予亦人。

待文王兴之，凡民或豪杰之士，虽无文王，但亦兴，岂非孟子之言乎？后学何为不能兴？豪杰也唯人，我亦人也，不亦藤树之意气乎？吾人后进岂不应奋起乎？

门人

藤树教书育人，随其材而雅饰之，故门下名士频出。熊泽伯继、中川权右卫门、加世八兵卫、中村又之允、山胁佐右卫门等，皆是其中铮铮者。

本 论

到元禄年间，石川某著《藤树先生学术定论》，兼说末流之状势。现记录其中一节如下。

门派二分

藤树以正五事解格物，正五事，已说克之工夫，又能致良知。故藤树门下分成了克己派和本体派。克己派以防五事之不正为事，讲究克私欲。本体派遵信良知之本体，认为保之则克己自然在其中也。

可见其门末流自然分成了克己派和本体派。

著作

一、孝经启蒙　二、翁问答（四册）　三、大学考（晚年之作）

四、大学解（数章）　五、中庸解（数章）　六、论语解（数章）

七、论语乡党翼赞　八、易经解　九、鉴草（三册，单行）

十、春风　十一、神道大义　十二、持敬图说　十三、天道图说

十四、人道图说　十五、心法图说　十六、明德图说

十七、五性图说　十八、四书合一图说　十九、大学朱子序图说

二十、天命性道合一图说　二十一、大学抄　二十二、诗集

二十三、文集　二十四、歌集　二十五、医书（若干）

二十六、知止歌

以上各种著作皆收入《藤树全书初编》。

孝养

藤树以孝为毕生德行，一时片刻也不忘孝，我们欲拿藤树之孝与大舜之孝相比。古今以孝著称者虽然不少，但如藤树之孝，天地间少有，千年

难得一见，藤树之成功，不在忠而在孝，藤树之德行全因孝而成，"近江圣人"之称号，是给予他孝德之金牌。所以说藤树之孝，至大至广，有先人未发之言，以此说察之，他以重孝倾注心血而为人所知。然而其说往往有附会杜撰之感，留下一些遗憾。唯以孝为网罗玄天黄地人间万物而说之，以孝为根本之说而可为独创之见，值得重视。

全孝说

所以我们在叙述藤树之孝养时，不得不首先提到全孝说。其曰：孝为天地未画之前存在的太虚神道。天地人万物，皆从孝而生。春夏秋冬，风雷雨露，无非孝矣。仁义礼智是孝之条理，五典十义是孝之时，神理含蓄之处为孝，不能名其状，强取象为之孝，"孝"字合"老子"二字而成。今之"孝"字，是在成为文字时，省其笔画而来的。天地未开之时，以太虚之理为老，以气为子。天地开启之后，以天为老，以地为子，以乾坤为老，以六子为子，以日为老，以月为子。"易"字合日月而成，日月和老子，其义一也，《易》和《孝经》为无隔阂之道理。山为老，川为子，中国为老，东夷南蛮西戎北狄为子。君为老，臣为子，夫为老，妇为子。于德性之感通，仁为老，爱为子。

孝和爱敬

以此理而推之万事万物，则无孝之理不生物。取在此理之我心之物而受用之，则有爱敬。由上见下的话，携老夫之幼子而体之，为爱之象。以下见上的话，戴子之老而体之，为敬之象。爱其亲之心，推之则应爱天下之万物，敬其亲之心，推之则应敬天下之万事，事亲以爱敬之一心而尽上，则天地同根，明万物一体之性命，没有一天不灭私欲而存天理之时，寻其大无外，见其小无内。仅始可言仁时，善是孝之勇，礼是孝之品节，智是孝之神明，信是孝之实。赤子孩提时，孝之理始发于爱亲之敬，如花之绽放。及其长，心发尊亲之敬，如发花之清香。此敬爱之德始对双亲显露，所以不改原之名，事双亲之道曰孝。事母则爱显敬存，事父则爱敬并显并存，于父其爱用事，其敬内伏，以之为父之慈。

五伦五常

父之慈和子之孝相合，则云"父子有亲"。以此孝仕君，外有敬而内有爱。于君，爱敬并伏，威严俱备，仁政行也。君之仁和臣之忠相合，则云"君臣有义"。于妻爱导敬存，于夫用敬存爱。夫之义和妻之顺相合，则云"夫妇有别"。非有心如斯，乃心妙自然如此变化。其中自有浅深之天则，事兄如事父，惠弟如爱子，兄之惠和弟之悌相合，则云"长幼有序"。朋友如以真实无妄之天道为父母兄弟的话，则无实者非朋友，此云"朋友有信"。如一个人，于子称父，于父则云子，于君前云臣，于家臣又称君。虽然本为一人，随相遇之处而名称也改变，这本是心之一德，根据位置而神通变化，其义极矣。

评论

扩充孝之意义，以为天地未画之前太虚神道之说，完全是藤树的创见。所以，虽然不能和其他说法进行比较，其说也有语言不精之遗憾。然如藤树之大孝，方可得立此说，且如上述之外，另外还有数千说孝的文字，都极为亲切，这是因为藤树以《孝经》为主干，以"爱敬"二字为根本。我们讲此时，岂不可不究明其立说之源由乎？

侍养

藤树天资孝顺，幼时长在祖父母之侧，事之甚谨，祖父母亦甚爱养之，凡书籍笔墨之耗费皆不吝惜。是以藤树在讲习方面颇为如意。

藤树深深尊崇先哲，在床间挂一幅《道统传》，每朝起床后，便着盛服烧香礼拜，接着读诵《孝经》。其主要诵读《感应篇》。开始时诵读声高，到晚年声音渐渐变低，最后在口内诵读。曾曰："声高有向外之气味。"世传藤树离开大洲时，曾留下一封信，曰：

母亲一个人住在近江，母子离别，不能尽养育之心。于是写信想请母亲来当地养老，哪知母亲回信说"女人不能越过国界"，所以不想来。母亲儿子分别单身而过，母亲只能依靠我，我却把母亲放在另一个国度，这是违反道义的，便写了退职信，得不到批准，没办法自己辞职，才得以归还近江。

我的行为有可能被认为是不忠。人们经常将忠孝进行比较。主君付钱雇用儒者，像我这样能雇用到的儒者比比皆是。然老母离开我，便没有别的依靠的人了。衡量忠孝，还是孝重于忠，所以我拈重去轻，只身而退。人虽脱藩，但绝不会侍奉其他主君。如果对此不能够理解，认为我的行为不好的话，请直言不讳地指出，绝不怨恨。为道义而退，绝不会忘记主君的恩情。我的行为似乎不忠，但是天命所定，我只能做此决定而已。

中江与右卫门唯命

评论

藤树弃官养孝，忠孝相比，重孝轻忠。虽与其处境颇有关系，也是因为资质纯孝所致。然而藤树轻忠重孝论，并不能直接适用于当今的我国，藤树之论只能针对封建时代的诸侯而言，我们作为国之臣民，当然应该以重忠为本。藤树曾经患痰疾，每逢疾发时则重数枕而卧，痊愈时则去之。病危急时，母问其理由，藤树恐母担忧，忍着病痛亲手除去一枕，曰："稍微有些好转了。"母喜曰："那样的话，过数日必定可起。"等她离开病室时，他已经去世了。呜呼，孝哉！

德化

性资

藤树为人，眉清目秀，四体丰肥，望之有威。性格豁达大度，心胸极其洒落，而他人很难知其洒落。极其爱敬，而且人很难知其有爱敬。谦逊而不卑劣，朴实而不固执。对人言正色温，为人处事有一定之轨，应酬接物善灵活多变。气宇定静，遇仓卒之事时毫无遽色。其威仪娴雅，升降进退，自在规矩之中。大沟①侯之臣别府某为小川村之令，有一天来小川村执事。村民某因触法而被绑缚。村民等请藤树向别府某说项，求免彼之罪。藤树其夜前往别府某之寓所，谈话至半夜，一句话也没有提及罪人之事而归。村民大为怪之。藤树曰："别府某面色已解，汝等不要担忧。"翌日，果然那个囚者被赦免。有人问别府某其故，别府某曰："前夜先生来，欲为彼谢罪，然而一言也未言及其事，令我大为敬佩。我如敬玉一般敬重先生之礼仪，不堪谢罪，故将彼赦免。"

劝诫门人

藤树门人中川某，喜欢庄子之大简飞扬论，忧其走向狂见，时向门人中西某表示忧虑中川子之走狂见之事，说此忧虑难以释怀。中川子听闻后大惊，来见师，怨言曰："愚拙是从幼年开始相信先生的，委身于先生，怎敢有求名利之意。只愿求正心修身。先生如果有意见的话，希望迅速加以斧正，不使陷入此过。"藤树闻之正色曰："然，君子不忍说人之非，我虽不肖，亦学君子，故不能妄言。今言之，这实在是不得已之良知。吾子应思之。"中川某悚然，反省其过。

圣人遗墨

藤树同里之人，去江户嗣某家，一日有客来，言及儒者。客问曰："中江藤树是子之里人，闻其学，举世敬仰，子必审其行谊，请为吾语。"其人改容曰："藤树先生是吾先子之师事者，因悉知其平生，实不违'近江圣人'之名。我来此家之后，先子将其世代承袭的墨迹一张赐予我，且诚曰：'此是圣人之手泽，儿善藏之，不要让无知者玷污之。'今吾子如仰慕先生，则可得观之。"乃起而着礼服，从柜中拿出一轴条幅，捧置案头，顶礼膜拜犹如佛教徒崇佛像。客始起敬意而言："本以为藤树是畎亩之一匹夫，不知在士大夫之间被敬重如此。其道德和处世大概有和一般儒者迥然不同之处，我一定要以礼待之。"于是盥嗽再拜之后而观之。

吊客感叹

某州一士人，过藤树之故里，欲拜其坟墓，路问一农夫。农夫丢掉耒耜，直接进入屋内，接着换上干净的衣服而出，士人跟随而去。到达墓地后，农夫非常恭敬地拜扫。士人惊讶之。问曰："你和藤树是不是沾亲带故，所以才如此行礼参拜？"农夫曰："钦仰藤树先生，难道只是我才会这样吗？全村的人都是这么做的。父老每每对其子弟曰：'吾里父子有礼，兄弟有恩，室无忿疾之声，面有和煦之色者，都因为受恩于藤树先生之遗教。'此无人不戴其恩之处。"士人面容大变曰："世称其为'近江圣人'，我现在才知道其绝非虚赞。"立即敬拜其墓，厚谢农夫后离去。

感化贼人

一次夜晚，藤树从郊外归来。有数名贼人，突然从林中跳出，挡住去路曰："客，解下包囊，以供我饮酒。"藤树乃熟视，拿出钱二百授之。贼拔刀呵斥曰："向你们要的绝不止这些，赶快解下衣服及佩刀。不然的话，无须多言。"藤树神色不变曰："且慢，让我考虑一下是给还是不给。"于是闭目叉手，过了少许曰："我所顾虑的是，即使战而不利，也不能轻易解下。"随即抚刀而起，曰："战者先要告之姓名，我乃近江人中江与右卫门是也。"此贼大惊，弃刀叩拜曰："在敝乡即使是五尺之童子，也都知道藤树先生是圣人，吾党虽然为了生存而掠夺，但绝对不能受圣人之施。万幸的是先生没有怪罪我等，还劝诫之。"藤树曰："人孰能无过，过而能改，善莫大焉。"乃说之以知行合一之理，贼皆感泣，于是率其党为良民。

感化轿夫

藤树之乡党皆受薰其德，即使是商人，也见德思义，如旅舍茗肆之类，客人如有遗却之物，则必放在阁上，以待遗却者再来而得之。历年之后，布满尘土，即使烟管烟包之类的也没有人冒用。经常有里人供驿者，多受了二钱，乃追行数里而还之。其人曰："汝等为何如此廉洁？"曰："不敢不然。虽区区两文，如不这样做的话，将会为乡里所不容。"一次，赴京师，行路在轿中，讲说心学，轿夫感动流涕，其之德化自然感人无不如此。是以乡人亲之如亲，尊之如神。竟推尊如佛子，远近称之为"近江圣人"。"近江圣人"之感化，不仅只是在当时，至今也有相当大的感化之力，呜呼伟哉！

论赞

藤树一生作为纯正学者而立于世，其生涯相当平稳。其所期高尚，以圣贤为师友，一生不断进步。他到中年为止是纯然的朱子学者，作为格法家而立，中年以后成为阳明学者，变为浑然通达之人。藤树学力多得于朱子学，入阳明学之前，已经学完朱子学，且躬行实践之，在此发现疑点。

所以和阳明学融然契合时，已经是自成一家之朱子学者。

得书时期

然关十其得阳明学的时期，《先哲丛谈》说是在三十三岁之冬得《王龙溪语录》，《行状》则说二十八岁得《阳明全书》，《年谱》则说三十七岁得《阳明全书》。然而得《王龙溪语录》在得《阳明全书》之前这一点是明确的。以他读《龙溪语录》为入王学门之时，按他四十一岁八月去世算的话，二十八岁得之，仅仅十三年间；如果是三十七岁得的话，仅仅四年。

顿悟

然而，阳明学有顿悟之风，不以训诂究理为主，一读豁然贯通，则和几十年前之悟，毫无不同之处。何况，藤树既已怀疑朱子之学，且以猛烈的感情和敏锐的推理力，迎接王学的到来。所以，藤树得王学之精髓，为我邦王学之鼻祖，是不容置疑的。

感化力

藤树被称为"佛子"，生前又得"近江先生"之号，可见其资质非凡。他富有敏锐的智力和强大的意志力，却又是最为擅长感情之人。遇者感化，见者感化，闻者兴奋，皆因他那真挚至诚。可说藤树以温良恭谦让而得之，有温润含蓄之气象，浑然如玉，以聪敏智慧著称。然他锋芒不露，只期待成为德行之人。他不压服人，而人自心服。他是最富有感化力的精神教育家。日本的学者一般比中国的学者重视实用，藤树和王阳明以及朱子比起来，在实践方面更加优秀。

教学主旨

他的教养主要着眼点，不在智而在德，不在学术而在实用。他在进入王学以前，为知行合一之人，得王学后百尺竿头更进一步。他不为知学，而为行学；不为知教，而为行教。

全孝

藤树以其资性和境遇，成就孝之全德而感人。他的一生作为社会的宠儿而受到爱戴，他自身有着纯然至诚之效果，他的心血倾注于一个"孝"字。

爱敬

他以孝为太虚之神道，言万有都是由孝而生，随之专门以"爱敬"之二字为教义之根本。他说："爱敬是人心自然之感通，犹如水之流湿、火之干燥。我们全然为习气所掩盖，然而在父子兄之间，也时有发现，假设认得而存养的话，从此不难窥知圣贤之气象。此孝之主义是毕生一贯的，即使王朱之学派也不能改变。"

近江圣人

我们认为，其被赋予"近江圣人"这一称号，虽然可以断言是孝养之效果，但如果他出世仕君的话，无疑也可以忠孝两全。每逢事情应对绰绰有余，固然是藤树之所以是藤树之处，然最终作为隐君子、乡先生而终其一生，也是他的纯然资质和时势使之然也。

国人陋习

当时朝野之人，不问学派之异同，都纷纷评论藤树是一个人物，有的认为是善人，有的认为是贤人。我认为以"圣人"来评价他比较适当。因为不管怎样，我国人和中国人一样，沉溺于尚古卑今之弊风，世只见古之隆盛，人只认为古人才圣贤，而认为如今社会风气浮薄。故丝毫也不承认日新月异之进化，所以认为日本可被称为圣贤的人少，即使在中国，孟子以下也没有被称为圣人的。这不是没有圣人贤者，而是因为尚古复古迷信盛行。即使无位无爵之人，有圣德之天爵者，都应该被称之为圣人。

进化尤攻璞

藤树既为感情之人，对朱王之学都加以信奉而欢迎，学习之，并以自己的智慧而予以解释和批评，先信之而学之，再实行之，然后才发现与自己相龃龉和相吻合之处。而且他的思考在最为微妙的点上也不断进行，在这一点上经常动感情而信奉之。

教育家和宗教家

从其著书中所举事例来看，即使是奇异的事迹也加以相信和采纳之。可见他作为精神教育家，也富有相当多的宗教性。如果有机会的话，他必定会信仰宗教的。他曾读《性理会通》，大有感触，由此每朝必拜太乙神，并准备著作《太乙神经》，从中可以知道其富有宗教心。假令自成一宗的话，他的素质无疑最适合成为宗教家。

藤门之士

藤树教养出来的，果然都是些实践性人物，如熊泽蕃山、中川权右卫门、加世八兵卫及其他众多门人，不管是谁，均躬行实践之宗旨。藤树自己也不墨守成规，而是见机行事之达人，其门人蕃山往往也反对师说，但显然其即使有反对师说之处，也能得到藤树教学之精髓。藤树和蕃山的性行虽然几乎在所有的地方大相径庭，但是蕃山受师感化之深，享受到的精神赐予之多，是难以衡量的。

独创之见

藤树作为实践性人物，以感情取胜，倾向于信仰，但其推断力却非常敏锐，其一旦运用于阐明深奥学理，虽然不能立崭新之学说，取舍折中的结果，也可以成为一种新学说，特别是如《全孝图说》那样的独特之见，这是从古到今最深刻地考察《孝经》而得来的结果，并因为在实践中修习，得到了很好的效果。至于在哲学层面的考察，虽然不免有些薄弱之遗憾，但在世界观、人生观、伦理说方面，有着自己的意见。他未得长寿，仅仅四十一岁就去世了，但与此相比，著作却相当多。其著书在朱子学者的时代很多，到了阳明学者时代反而少了。他的生活极为沉静，变化甚少，其传记中，也没有让读者不觉拍案而起大呼快哉的段落。或没有表现凄然同情，但不知不觉哀泪已经弄湿了衣襟。他不断的至诚纯孝，具有无限的感化力，徐徐地使后人感受到极大的熏陶。所以，如以藤树为目标的话，即使不能成为伟人，也不失成为纯正之孝子。

恺悌君子

藤树毕生胸襟中怀抱春天和煦。既有非常得意的时期，同时也曾陷入过失望之深渊呻吟之不幸，但都温如玉石，学德兼备，世间罕见。闻藤树之名者，脑子里不知不觉会描绘出一个恺悌之君子来。

杉浦天台道士题肖像

天台道士杉浦重刚，尝为藤树先生之肖像题词，曰：

何要后进赞，和光而同尘。
早已有天爵，曰近江圣人。

颇得吾意，今借之披露于此。

第二　熊泽蕃山

幼年时代

熊泽伯继，字了介，小字次郎八，后改为助右卫门，号蕃山，又号息游轩。本姓野尻氏。父亲叫作藤兵卫一利。先仕肥后①守加藤嘉明，后仕肥前②锅岛侯。娶熊泽氏，元和五年（1619）伯继出生在京都。

外祖父抚养

伯继八岁离开京都，同母亲来到水户③，在这里受到外祖父熊泽守久的养育，因而继承其姓。守久最初仕福岛正则，为步卒队长。获正则之罪，大兵包围其第，将士离散，留者仅剩下七人。守久慷慨激烈，周旋于危难之间，未曾失臣节，竟从配所。正则嘉叹之。后仕水户公赖芳，为旗奉行④。蕃山在外祖家住了八年。其间和一般士人一样，除少许习字读书之外，专门修习武艺渡过少年时代。蕃山幼年颖悟，受外祖之严厉熏陶，武术大进，龄已达志学，男儿应立志之时。

冈山出仕

宽永十一年（1634），水户公跟随德川家第三代家光将军朝觐京师。守

---

① 即肥后藩，今熊本县。
② 即肥前藩，今佐贺县。
③ 即水户藩，今茨城县。
④ 奉行为官名，职掌的意思。旗奉行，即旗长。以下同。

久从之，这年蕃山十六。受到远亲板仓内膳正重昌、友人京极主膳正高通等推荐，出仕备前冈山侯池田光政，受禄七百石。蕃山家代代为武士，习父祖之业。蕃山身体本来肥胖，在富贵之家养大，沉溺于暖衣饱食逸乐，看起来身体肥满，动作不便，不足供不虞之用。

克己忍耐

于是他远酒色，绝美味，寝不解带，忍痛刻苦，稍有闲暇之时便提弓射箭，游猎于山野之间，不避寒暑风雨。即使在江户行役期间，也不忘弄枪击剑。其值班住宿时，卧具中必藏木刀和草履，等夜深人静后，出中庭独自练习刀法，或避人在屋上疾走如飞，以试其轻捷，练习防火。人或见之谓有天狗之诱。有人问光政曰："熊竖子果有异状乎?"曰："彼之侍我，仪容严肃，未曾懈怠，人自起敬畏之念，只是有些异状而已。"如此多年，躯体稍稍消瘦。从此可以想见蕃山少时克己励精，超于常人。大凡有过人成大业者，必先培养身体和精神之素养，从古今英雄豪杰之迹，可以印证，绝非吾等妄言之。蕃山曾如下谈到当年之实况：

愚在十六七岁时，已经很胖了，见他人因肥胖不能进退自由时，认为这实在太重了，难成武士之达者，无论如何自己也绝不能再胖下去了。于是开始不解带睡觉，不食美味，不饮酒，绝男女之道十余年。守卫江户时，在工作的山野地区练习使用锤子和大刀，不管在何地睡觉时都会在被窝里放入木刀和草履，等到夜深人静之后，在广庭无人处，独自研习兵法，在发生火灾时也不丢脸。偶尔有人远远看见屋顶上我来回奔走，说那是天狗。这是二十岁以前的事，都是过去的事情了。其后也经常带着老鹰，在夏天暑期中带着枪，去野外射云雀，霜月时披霜戴月进入山中，即使夜晚也不带被子，只在薄棉的肌衣之上穿上木棉袄，带着一个箱子，放入一些砚纸书物，两个小袖，去民家住宿。其外勤之精不用言语。到三十七岁为止都这样努力着，终于不再肥胖了。

天草之乱

此时天主教徒余党，在天草岛武装起义，占据岛原城。那是宽永十四年的事。① 蕃山的远亲板仓内膳正重昌，作为征讨军的监军踏上征途。父一利也随肥前锅岛侯从军。大阪之阵②后，不堪脾肉之叹的武夫们争相进入军门。

肉跳血涌

多年来热衷于练习武术的年轻武士熊泽蕃山的胸中，又是如何呢？蕃山不禁雄心勃起，仰天长啸，希冀立下伟勋。加之征讨之兵，久未奏功，主人池田光政受增援之命，点检武士，宽永十二年（1635）五月为出兵而来到其国。然此时蕃山未冠，所以不能从之，留在江户，其遗憾可想而知。

犯法从军

等到光政来到其国，蕃山终不能禁，自加元服，潜入军中，只等出发，然乱事平复，冈山之师还未出发便停留下来。有司认为他违反法律，私入军籍应当处刑，但光政不问其错，嘉奖其志，反而知其敢为之气象，渐渐将其重用。且当时，世间已经不是攻城略地夺取功名之时了，江户幕府统一四海大业已经完成，第三代家光大将军之威严冲天压地，而后二百数十年昌平之瑞气，蔼蔼充满四海。蕃山之炯眼早已洞察此大势，谓之不文武

---

① 1637 年，九州天草岛原一带发生基督教徒的叛乱，是为"岛原之乱"，幕府派出军队前往镇压，翌年平定。

② 大阪之阵是日本战国时代末期发生于大阪地区的一场战役，分为冬夏两次，为德川幕府和前主君丰臣家的战争。德川幕府取得胜利，统一了全日本。

兼备不足以为世用。私下反省，感到武备教育没有不足，而文化事业方面却还有未得之处。

洞察时势

于此，蕃山幡然改变主意，辞知遇之贤主，弃列大夫之位，飘然走上了负笈读书之道。豪杰处事何其果断也。呜呼尺蠖之屈，将大有作为，宁馨儿之志向何其远大！有为之士谁不为他的精神而感动？

苦学时期

宽永十五年（1638），蕃山年方弱冠，新太郎少将光政，频加眷遇，将有大用之处，然而蕃山以未学而坚辞，光政深嘉其志未强止之。蕃山致仕，离开冈山，乃赴近江桐原，寓居处士伊庭氏。

学习兵书

由此开始随父亲学习兵书岁余。志学深厚，气力方壮，夙夜励精，几乎废寝忘食。宽永十七年（1640），开始读《四书集注》，恍然感悟，从此确定攻学之大方针。翌年八月负笈游京师，求良师未得其人。失意闷养，交往断绝，独自在一家客舍郁闷逗留。

马丁犹知义

有一个客人投宿于此。语之蕃山曰：往日为主远行。时怀揣金二百两，为带给主人的。途跨驿马，出金系鞍，日暮忘收之而宿，困顿就枕，半夜初醒，才发觉金子遗失了，则茫然犹豫怀疑是在梦中。既神及定，痛心疾首，千思万虑，求之无术，决蕴经一死，戚然自叹，不为旻天之吊恤之处，逢此悲运。此时听到敲门之声甚急，问之则称是马夫某，因亟而出之。马夫拿出金子曰："小子回家准备洗马，解鞍即得之，这是君遗失的，所以来归还。完封如故。"吾惊喜不知所措，腰间另缠有十六两，即解之赠予彼以酬谢。马夫不收，曰："君之物是君之物，没有什么可谢的。然而为此冒夜而来，此行得二百钱足矣。"吾曰："孽自作，汝意稍有发财之心，我便没有得生之地，所谓生死，骨肉相连，不腆之黄物，不敢说报，聊表寸心。"马夫越发不收。及减至八两，亦不受。稍稍减至二金，马夫愈发执着，且曰："请君不要困我，予也有守节之处。"吾叹息问曰："如此薄欲者，今世已不多见，以其之义为利，如汝至此，即绝难得，所谓守之处为何？"

感藤树之德

马夫曰："贱役糊口，岂不想利？唯有叫中江与右卫门藤树的人，教授我里中，吾曾闻其言曰：'诚正以修其身，事君致忠，事亲尽孝，勿以贫滥，勿以贱枉。'今若以所赐之处获利的话，为欺此心。"言毕去之。噫，浇季之世安能得如此之人？

蕃山倾听良久，曰："马夫一乡下之鄙人，素不识道之为何物，如趋利而驰，思之有何之义？而且其廉洁古之君子自愧不如者，必为教育所致，其所谓中江氏者，可想见其德与学也。今之世者，舍此之人谁适从也？"即日装束往问藤树，藤树辞而不见。寓邑人渊田氏家，请之甚切。虽然因得相见，但还没有允许授业，以不足为人之师而辞之。大概怀疑其志之真伪。

就学

宽永十九年（1642）七月，再到中江氏，再三请求而未得允许，于是二晚站在其屋檐下不睡。藤树之母怜其志，对藤树曰："人从远方而来，恳请如此，传之其所习，谁谓好人之师？"是以诺之。时蕃山二十三，藤树年长十之有二。二人一见意气相投，如相见恨晚，问语数回，蕃山不久归侨居。同年九月终入藤树之门。受《孝经》《大学》《中庸》。翌二十年

(1643) 四月，归省桐原。藤树作序送之，其意曰：

> 悠悠旻天云父母。由是观之，火食竖立者，四海之内皆兄弟，其中或有以生命相爱者，或有以面貌相爱者，或有颠沛流离而不告者。今吾之熊泽子也，似以性命相爱者。是以愚虽无不孤之德，往年辛巳之秋，谬与有邻之访。

又曰：

> 推其所以相识之由，有同声相应、同气相求之机焉。人乎？天也。故讲习讨论。心心相通融而甚喜得辅仁之益，有莫逆之寄趣。

最后曰：

> 今《中庸》之讲，终篇而归省，因赋《中庸》要旨，以比之窃送之言云尔。渊鉴唯幸。
>
> 动而无动静无静，无倚圆神未发中。
> 慎独玄机必于是，上天之载自融通。

其就学时期，虽然不过十来个月，有同声相应、同气相求之机。这是人为或非人为，天之所然也。故讲习讨论，心心相融，甚喜得辅仁之益、莫逆之寄趣。以此可见师弟相承之间，融然契合，自有以心传心之妙机存焉。

归省

蕃山归省，正好父亲一利失禄落魄，求仕游江户，蕃山及母和妹留桐原，蕃山后年自己叙说了当时的状况，曰：

> 父者为求仕，去江户，在东江洲人远城屋檐下，只剩下母亲和妹妹，不论去京师还是去西江洲都不能实现，家中极贫，独学五年。
>
> 浪人五六年间，吃的是江州下民之食百合粉杂煮，以糠味噌为菜，无汁肴酒茶，清水纸子，木棉布子，御寒衣食同忘昔日，而乐居之。

一箪之食，一瓢之饮，以居陋巷。人不堪其忧，他却独自悠然自得。不飞，不鸣，已经五年，果有其乐处。蕃山之归省，不幸而退学，后虽不能再入藤树之门，归省后两年，即正保元年（1644），藤树始得《阳明全书》，读之廓然有感悟。后举良知之说，以授蕃山，蕃山亦得其大意，这是蕃山作为阳明学者之基础。

成为王学者

蕃山从此深深钦慕王阳明，不能忘之寤寐，所谓锻炼心法、修养精神。经常私下说，大丈夫不可徒雌伏，而应雄飞。蕃山见当时世儒之固陋，心窃恶之。于是自奋曰："士君子当文武兼备，施之事业，济世致用，吾宁为一介武夫，也不愿为世之儒者之流。"蕃山追慕王阳明，绝不是偶然。蕃山既已文武兼备，只待该用时而施之。

经纶

复仕冈山

此时，冈山侯池田光正励精图治。知蕃山已备文武之才，欲复聘之。通过京极高通屡屡招之，遂于正保四年（1647），更名为治郎八伯继，解祸而复仕冈山。光政闻之大悦，二月十四日，命为侧役，给俸禄三百。此时年二十九。然而此后三年间，蕃山之地位未提高，事务亦闲，专门潜心于王学，凤起夜寝，练习心法，修养精神。这是蕃山日后一跃登上显要之地位，参与国政，一浮一沉，遭遇困厄，面临难局而能悠然应对的原因。

精神为万事基础

纵然我们身具千百技艺，但如果缺乏作为基础的精神修养的话，万事俱废。蕃山天资雄杰，文武兼备，加之精神教育最为完整。当年蕃山如何热心修习心法，通过其言而可得知。

他说："有一知人，知有母弟妹，怜悯其饥馑饿死，乃劝之求仕。其比，见中江氏的王子之书，喜良知之旨，予亦得到教谕，由此修得心法之力，朝夕共居一处的傍辈也不知在学学问。如此不读书而修习心法三年。有一两个亲戚，闻知学圣学之事，又传有志者及五六人，大悦披露，被人诽谤，引起风波，有失予者，则听由主人格其是非，由此世人初知其名。主人成其之志。其时专攻良知之旨，在江西学习者，尤以披露良知之旨。传志不真者以为奇货可居，流于王子之学百倍。世人所闻不错，在流传于世前不久，中江氏便去世了。"

此三年间的心法锻炼，实际上是蕃山一生中最重要的时期，在此期间完成了其精神修养。

贤良之遇

没有光政的话，蕃山也就成为不了蕃山；没有蕃山的话，光政不能成为光政。世间的小人之辈，视蕃山为异学，欲排挤甚至杀之。然而贤主光政深知蕃山可以依靠，考究其实愈加眷遇。蕃山之名，由此在世间渐渐提高，君臣之情如鱼得水，言所计从，到了将要伸展其骥足的时候了。

此间，藤树托门下生渊源左卫门宗诚，带给蕃山一封信，这样写道：

仕途纷扰之中，受用到底如何？彻底阴阳起脱而已，不离中庸者，为日用第一义也。

通信教授

又与书曰：

有圣学受用无间断，所以大幸不过如此而已。愚亦病中，不能外出，故去冬招旧友同志，昼夜议论讲学，加增相互合力，近年不知不觉有至论出现，知圣人不仅出于古。此时之讲义，应告之同志以闻，对夕庵也说过此事。备前公弥，在进修之际，经常来函，以夕庵之物语承之，值得大庆。学者亦不乐凡夫之徒，躬行日日必为圣人之心术的话，天必许之贤人君子之名，不管怎样都要切忌不悠悠空渡一生。

由此看的话，虽然东西相距，而师弟应答，相辅相益之事不绝。光政以蕃山之故，遵信其师藤树，遂参观之途中，宿大津，招藤树问道。

光政招藤树

光政因蕃山之荐，也欲聘请藤树，藤树以病而推辞不就。于是招其子为客，召门人中川谦叔等授禄，谦叔以直谏而著名，匡救之处甚多。

蕃山屡从光政，往来江户，贵人们闻其名，争相求见。阁老或请为上客，与之抗礼。纪伊①侯赖宣、松平伊豆②守信纲、板仓周防③守重宗、久

---

① 即纪伊藩，今和歌县。
② 即伊豆藩，今静冈县伊豆地区。
③ 即周防藩，今山口县周防地区。

世大和①守广之、板仓内膳正重矩、松平日向②守信之、堀田筑前③守正俊等，皆钦佩其为人。由此，名声轰动朝野，天下之士，翕然而至，慕其风采。

将军也欲召见蕃山

时大猷将军家光公，将欲召见之，逢将军有病，未果而薨之。蕃山之德望可想而知。蕃山曾路过纪伊侯，为其策划边策，公等善之。并讲北狄可警之说。此时清人灭明朝，其遗臣郑成功等请我援之，如何处置实乃当时的大问题。

全盛

关于蕃山全盛时代之光景，他自己如下得意地谈道：

> 因愚之虚名而被三公召去，虽然有宴会，但也没有什么特别待遇，都只是家常便饭而已。其后，上来了浓茶，我辞退到另外一个房间，等待一段时间后再进去时，茶还放在那儿，没有人喝，即使关内侯们也让着我。其后那些关内侯要归去，连隔壁房间都没有被送到。但我离开的时候，居然送到了玄关。在下面答礼时，还在称呼名字时还带上了"殿下"二字。云云。

两雄相评

蕃山去纪伊侯处，刚进去时，发现一位士人威仪俊秀、骨相非凡。互相张目相与注视良久，但未交一言。蕃山见到纪伊侯时说："余刚才见到一

---

① 即大和国，今奈良一带。
② 即日向藩，今宫崎县。
③ 即筑前藩，今福冈县。

士，不知是仕臣、将领还是处士？"侯曰："那是为吾讲兵书的处士，名叫由井民部助正雪①。"蕃山正色曰："余熟视其相貌，以察其意，君主最好不要再接近此人。"他日，正雪亦来见侯曰："我见到一位穿那种衣服的人，不知是何人？"侯曰："其是为吾说经书的冈山之臣，名叫熊泽次郎八。"正雪正色曰："余熟视其相貌，以察其意，君主最好不要再接近此人。"其后正雪果然图谋不轨而伏诛，人们都佩服蕃山的远识。

参与国政

光政也采纳蕃山的建议，不免除诸课役。如此这般，国主已开始信任蕃山，以至一藩上下也都信任他。到了庆安三年（1650）五月被擢升为番头，参与蕃政，俸禄三千石，亦是为了让蕃山充分伸展其骥足。这年蕃山年三十二。巨室世家皆听其令，国中大治，蕃山常以格君之心为己任，光政曾曰："我邦并非政善，只是和邻国相比稍微有些长处。"蕃山曰：此言非矣。这是邻国之政原本更恶，如今说比之稍有长处，此乃所谓五十步笑百步。"光政感悟，更加励精改非。蕃山作为冈山侯之参政的第一着手点，是振兴武备。和气郡八塔寺村是和播磨、美作②接壤的国境地区，犬牙交错，难守易攻。光政特别授予蕃山见机行事之权。

政绩

蕃山曰："臣闻久治忘乱。古时候兵士皆在当地定居，垦田自备。虽然现在很难迅速恢复旧制，稍微效仿其法，以备缓急之用。"乃相地垦田，让士兵们定居，实施农兵主义。蕃山治家以勤俭为法，多养壮丁，广畜良马，

069

---

① 即由井正雪，骏府宫崎町人。17岁时去江户师从军学家楠木正辰学习军事，后来在神田开设军家私塾张孔堂，从学者数千。庆安四年（1651）德川幕府第三代将军德川家光去世时企图举兵叛乱，未举前被人密告而自杀。史称"庆安之变"。

② 播磨指播磨藩，现为兵库县西部地区。美作指美作藩，相当于冈山县东北地区。

而婢妾甚寡。爱居恒客下士，间燕谈论，朝夕不倦。所以武备振肃不久，得到了好结果。国老某对光政谓曰："臣等见公和伯继议事，有许多不知晓的事情。"光政微笑曰："想知晓的话，必须多读书。"贤良之遇，古今罕见，值得庆贺。

接着改善林政，防干旱，改良租税法，平贡法，开言路，言时事之得失，救恤穷民，赏孝悌笃行。

妙解水利

蕃山妙解水利，建言通沟洫，造堤防，以备旱涝。蕃山亲自巡察，在马上指点利害。数年之后，其言皆无不验证。有问水利者，则曰："吾治水之术，既不如在本地生长的民众，也不如处事老练的官僚，吾唯知取人为善而已。"

这些都是蕃山治绩的显著之处，其他的如抑制奢侈、禁止赌博等，不胜枚举。以光政之贤，任蕃山之良，君臣相宜得彰，以图锐意治国，当时四方之各国皆取冈山为政之模范。

老处士

功成名就身退，为天之道。张良弃人事而随赤松子，范蠡散宾客而为五湖之游。这是因为盛名之下久难居之，乔木之枝，风多易折。蕃山三十二岁参与国政，到明历二年（1656）三十八岁为止，七年间纵横捭阖大显手腕，有隐然总理国政之势。

重宗的忠告

承应三年（1654），随光政就国。路过京师拜访京都所司代板仓重宗，重宗悄悄地对他说："卿既显其君，锐意从政，其之失唯在专任，恐被中废，勿复往江户。"蕃山曰："善。"弟子闻其语曰："京兆只知商贾之政，焉知诸侯之事？"乃劝赴江户，然而，蕃山已悄然有遁世之志，同僚们亦疾其久执国柄，屡屡暴露其短，讥言渐起。

隐居于蕃山村

至明历二年（1656），在和气郡木谷打猎，马失足坠下山谷，蕃山右肩受伤，又倍加遁世之志。乃通过国老池田伊贺，请求光政之第三子池田辉禄允许回家承业。其后改食邑寺口村为蕃山村，取源重所赋短歌之意：

茂密筑波山林险，昂然无惧脚下踩。

以表遁世之意，蕃山先生之号由此而起。

回归京师

万治二年（1659），蕃山年四十二岁，称病回归京师，自号了介，进入了他新的生涯。他悠然自得以琴书自娱，阅读日本古典，学习音乐，兼事著作。

琴书自娱

蕃山跟小仓大纳言实起学琵琶，跟薮大纳言嗣孝学筝。各究其精妙之处。又善笛。一日吹笛奏越天乐，名手安倍飞弹守遇然从门口经过，听之叹曰："此乃非常之人。其性情之正，通过声音而发出。"

蕃山亦嗜和歌，好赋联歌，如中院大纳言通茂、飞鸟井从一位雅章等，都是其歌吟之友。在阅读日本国典方面，向洛南深草元政律师学习《源氏物语》，可见其著作《源氏外传》《紫女物语》时，从《源氏物语》得到了蕴奥。

从游之士

此时，蕃山作为天下之学者，又得到了当时达官贵人们的遵信，向其求学问道者，有一条左大臣教通、久我右大臣广道、中院宰相通韶、野宫中纳言定缘、野宫中将定基、清水谷大纳言实业、押小路三位公起、久世中将定清、油小路大纳言隆贞等，四方名士，不胜枚举。

风流佳人之会

蕃山曾在深草山的称心庵有风流佳人之游。蕃山和小仓少将实起一起拜访庵主元政。兴来时，蕃山弹琵琶，少将鼓琴，元政赋和歌。风流雅致，使后之韵士追怀神往不已。

处士京洛已有八年，蕃山才锋绝伦，见识高迈，往日作为当代第一流政治家博得英名，今又纵游思想界，声价盖世，与其订交者，皆是有势力的巨卿名公。然而，他与有力的公卿交往，已为江户幕府厌恶，且此时牧野佐渡守亲成，代替板仓重宗为京都所司代，信谗言而憎蕃山。

谤议四起

又有妒忌其才者，流言渐起。有甚者更曰："熊泽是备前羽林之小臣，以妖术诬聋盲，闻者多迷而结纳，渐渐以至为党羽，不为同志者不敢面晤，所语大抵为耶稣之变法。"当时执幕府之学柄的林家，也和蕃山在学派方面有不相容的地方。且蕃山出自藤树门下，不拘泥于区区师迹，而活应自在，乃至被人非难。

起因

或传蕃山之被疑，为偏固的山崎暗斋向会津①侯保科正之告状所致。会

_____

① 即会津藩，今福岛县会津地区。当时的藩主保科正之，为第二代幕府将军德川秀忠的庶子。

津侯是将军的近亲，国家独一无二之元老。

加之宽文六年（1666），备前藩采取了毁淫祠、淘汰僧尼的措施，一些愚昧佛徒失去了糊口之道，为此出来诽谤攻击蕃山。以此为起因虽尚显不足，社会之诽谤、畏惧和猜疑也不足以诋毁蕃山之伟大人物。然当年的京都受到多年战乱之冲击，虽然稍有颓废倾向，但是丰臣秀吉、织田信长时代以来，时局安定，作为公家之都、名爵中心，统全国学艺宗教之主权，千年之古都文物灿然冠盖全国。蕃山居此地，在名公巨卿之间纵游说唱的话，会让幕府感到畏惧，所以使用各种手段想让蕃山离开这里。

压制

当时幕府已经传袭四世，家康创业，秀忠平庸，家光贤明，巧压诸侯，但根底未固，还未达到让天下诸侯信服的地步，所以幕府的猜疑心很强。四方诸侯，若出豪迈卓荦者，则想方设法削减其势力，或加害其人物。士人处士、文武兼备之豪杰，悉蒙嫌疑，或遭幽禁。凡庸国守、无为学者和僧侣，却倍受优遇，全身而退。例如和蕃山同时，有德川三百年屈指以数的豪杰山鹿素行，作为兵法家为山鹿派之祖，作为学者不安程朱之说，卓然有一家之独见。然而，如此伟人为幕府所畏惧，被诬蔑和赤穗事件有牵连而遭贬谪，时为宽文六年（1666）十月，也即蕃山赴吉野之前年。其实其谪居之后，赤穗之四十七士才受其熏陶。据说，四十七士中有王学者一人。又如处士军略家由井正学不得志，遂反。浪士的举动和京都的势力，最为幕府所注目，蕃山不能久住京都，亦不足奇怪。

赴吉野

宽文七年（1667），蕃山离开京都去大和，居住吉野。其歌咏曰：

吉野春久留，山人赏花香。

鹿背山栖居

后来蕃山隐居于南山城相乐郡木津川之上鹿背山。其歌曰：

来到津田，这里的春天和神代时期一样，人心也和昔日相似。

寄宿江上的海鸥，
不知还需要千鸟宝刀？
雪霜飘香的梅花，
已经等不及春天的来到！

而寒冬的梅花雪霜的色香也不会变。

摘下非凡梅枝，
献给首阳民众。

蕃山为身无微瑕、被无端谪居之人，多少有些感慨。然而，蕃山的精神得多年修养，确有不动之处，虽在困厄之中，其心常存浩然之气。

委曲求全

他曾经自言自语道："君子逢顺成物，逢逆成己。如畅春夏以收秋冬。"现在真是逢逆成己的时刻到来了。大凡吾人不可能长时间处于顺境。顺境之君子，在逆境下往往变成小人者，固境遇之所然，也是素养之不足所致。若真具有高贵的品性者，在受到委屈时，往往会伸展其高。蕃山自比雪中梅花，希望像伯夷叔齐那样高洁、晏如处逆、优裕自如，我们在蕃山青年时代，已经看到过这些品质，现在更是绰然有余。蕃山的形象逐年高大，其学问又更进一步。

谗构蕃山的奸党们，随后稍稍失势，所司代牧野亲成遭罢免而罹祸。老中板仓重矩出，兼京都所司代，产生了蕃山要复返京都的流言蜚语，世间纷然，于是新所司代板仓重矩，请求执政酒井雅乐头忠清，让明石侯日向守松平信之在其邑善待蕃山。由此蕃山从鹿背山来到明石，居大山寺之侧，其寓所名为息游轩。时为宽文九年（1669），年五十有一，精力不衰，唯读书静养以成己。

移住明石

大山寺之僧开始时以蕃山为佛敌，大为忌之，之后渐渐知其真，终服其德，乃至蕃山之子在寺边狩猎，虽进入杀生禁制之地，也不敢拒绝。而且说"谁谓先生为佛敌也?"蕃山虽然排佛，其意公正，丝毫没有妒猜争角之情，是以僧徒崇亲者甚多。

定居郡山

蕃山寓居明石十年，明石侯松平信之的封地调移到了大和郡山。因此，他也跟着去了郡山，栖居矢田山。时延宝七年（1679），年六十一。在此未得到教育后进的许可，蕃山唯读书寒窗以古人为友，静乐其道，兴来则命之以笔。虽流寓诸方，仍思念旧主冈山侯不已，时时吐露意见作为补益。

翌年五月，四世将军严有公薨，五世常宪将军即位。筑前守堀田正均以策立之功成为大老，改革诸政甚多，暗中采用蕃山之意见。蕃山虽然安静养老，但有感时事而不沉默，说"我也是一名天民也，有天之灵，不说有罪"，可窥其经世济民之意。

著作

蕃山龄既越耳顺，不复意世事，其母衣蔽不纳二轮之社。蕃山此先应冈山侯之招，曾游筑紫，联想今亦在大和屡屡诣三轮之社，触发心意，著作《宇佐问答》《三轮物语》等，以寓言论所谓神儒佛三道之得失和国体皇室等。又作《水土解》，至思新神道。

此间渐入老境，气力渐衰，老处士无端遭遇悲哀。其最为依靠的老父野尻一利于延宝八年（1680）八月去世，最有知遇之恩的旧主池田光政于延宝十年（1682）五月去世，最爱之长子继明于贞享二年（1685）七月，也先他逝去。

移居古河

且日向守松平信之作为老中，于贞享二年（1685）六月移封地于下总古河①，翌年信之殁，子忠之继承封地。而新郡山侯为池田光政之女婿下野守本多忠平，好遇不异前日。遂于贞享四年（1687）八月，幕府有命，通过下总古河城主松平忠之，命令蕃山待居自邑。大概因为这次转移，第五世常宪将军终于召见了蕃山一次，可见老处士蕃山之德望。

上书封事

十月，蕃山给幕府上封事，陈述时政之得失，大忤将军纲吉之旨，被禁锢在古河。据说，《大学或问》实际是蕃山当时上给幕府的封事，及忤其旨，门人改名为《大学或问》，或名《经济辩》《理济拾遗》。又云，《大学或问》之一是以"治平别卷"为题。大概别有正编，然而所谓正编者，应为此时之上书。蕃山由此不再复言时事。如果有人谈及或问及之，则把笙来吹，略无一言。且有请求授业者也辞而不见。

---

① 即下总国古河地区，今茨城县古河市一带。

裕如晏如

其自语曰：

我受各方之诽谤，于是对来自远方的访客或近里之同志，皆不说有关道德方面的话。外出也不自由之躯体，从外表看的话，虽然遭受着困厄，但我心里还是觉得此乃天与之幸。在流配之处所见无罪之月，如见遁世之静月，实在是世上难得之事情。如果是流配之处的话，也可见浮世外之月吧。假令即使富贵、世间广阔，我心实有罪过的话，心应是困厄之地，然纵令在外有罪，但我心无羞耻之事的话，心则不失其广大高明之本然。北野天神也曾受谗言而不遇，却说如此之誉是不必要的。

所谓"邪正古来观大节，是非死后有公言"，是蕃山当时的真实心情。

公明正大

处困厄而自若，而他在慰问别人的寂寥时，则说"为人善，唯日不足"，或言其无为善之事迹。他说："本心立我，则由梳到盥亦为善。苟不立义，匡合诸侯也只是走闲。"客叹服。

怀乡之情

第二年的元禄元年（1688），年七十时，其如下述其之所怀：

难在故乡现老躯，只待春归雁鸣声。

即使有苏武面对的雁叫之声的玉章可传，却也不为人知，不违懒散之命：

　　与飞雁无关，有懒散之戒，无可传文章。

　　蕃山乐天知命，从不怨天尤人，然人情岂不留恋故乡？

易箦

　　禁锢之后，蕃山虽只管潜心作易解，但未成而患疾，元禄四年（1691）秋八月十七日，溘然去世。享年七十有三。

　　城主松平忠之，闻他长逝而恸哭，会同知音亲戚，用儒礼葬于古河鲑延寺。讣报抵达冈山时，丹波守政伦大悼之，安神主于其家庙，后在蕃山村建祠堂。至宝永年间，移至纲滨村之别庄，奉春秋之祀。云云。

取舍之见地

师弟相承

　　我们现在想论述蕃山的学说。他其实并无自家独创之见，主要是试图折中朱王。若欲知他的创见，唯可注意他的出入取舍之处。如前所述，藤树也很少有自己的独见，其初年到中年专修朱学，至晚年变为王学。而藤树传给他的所有学说，都很好地得到了继承。有时只变二三个字，其意义便有了差异。

取其精神和经纶

　　蕃山之所以成为蕃山，在经纶和才略方面有所建树，但在学术方面没有什么成果。他在知行合一方面，作为堂堂王学者应该受到敬仰。

　　是故我们的哲学之论，首先是瞩目于他的让师说，在他的出入取舍之间看到他的特点。其次不可忘记的是，他不单单出入于朱王，还企及程、张、周、邵等诸子，然王学占其素养之大部。

藤树生前得"近江圣人"之号，他虽然富有活动的感化力，但其学说并不适合参与一国大政。将藤树的学问应用于实际而得到效果者，则依据于蕃山之手腕。故蕃山实施之时，有所取舍是自然的。藤树自己加以实施时，亦没有画一。蕃山没有徒劳的固守师说，而是随机应变，没有将藤树学作为死学问。这原本也不是藤树的初衷。

时处位之达士

蕃山自己说道：

> 予受于先师而不违之处是实义也。学术言行未成熟，应根据时、处、位①反复熟练，随时变通。予或者后人弥补学问的不足之处，以改正我们的言行不能实现之处。在大道实义方面，先师与我没有丝毫不同。予和后来人也是相同的。通其变，和诲人无倦之知相同。见言行之迹不同，争同异则不知道也。先师在世时，不变的唯有志向，学术却是日新月异，日日增进，不固执于一处。继承其期至善之志，受日日新之德业之人，才谓真门人。

蕃山之言是也。不仅是蕃山，一般学者也当然应该如此。

卓见

他和他的门人有不同之处的话，或可解释为他们都不属于江西学派的

---

① 时、处、位是藤树、蕃山等一派日本阳明学者极为重视的观念，他们认为人们的行动不应遵守僵死的教条，而应根据事情发生的时间、场所和个人所处的地位而灵活变化。

疑问。他说:

> 诸子学有极之处,愚学无极之处。当时即使相互没有大小之别,到如今应该说大有差别。有极之处,在于其时之议论讲明也。无极之处,在于不停留于先生之志,在于提升德业也。日新之学者,处今日而知昨日之非之谓也。愚见先生之志和德业,不以其时之学为常。以其时之学问为常者,是认同先生之非也。

蕃山之所以鹤立鸡群,其理由就在于此。

评朱王二子

如上所述,蕃山有朱王并取之意见。其评朱王二子之言说:

> 朱子……于经传之注,古今第一名人也。其有言中古人之心处,也有不合之处。为了让初学者好学,简单地施以义理之注。这样清一色的注解,给予后学者极大的学恩。
> 王子……开教孟子良知良能之奥旨,自反慎独之功,使后生之学者倾向于内在,使吾人蒙德不浅。倾向内心见传经的话,其语其理皆本来之物,有特别之处。
> 以上都是朱王二子之功德。

又数朱学弊病,曰:

> 朱子……有文过广之弊端,学者近理而远心法,以书法举例的话,犹如雪中兔之足迹。兔为心也,圣经贤传皆我心之注也,得兔后,足迹无用了,得心后,书也无用了,有大取一贯一路之处,见大意可得

心，在日用工夫上有详细可见之事。然而为了我受用之详细，不能只详细读书。朱子学分解章句过多，乃至过多地落入文句之理而失于心。今之朱子学者，无论如何只要说是朱子之语便是正确的，是故《圣经》被注解掩盖，心法被经义隔开，朱子学者却使朱子成为圣门之罪人。

又数王学弊病曰：

> 王子……在仁方面过约，有似异学悟道之流，学者逐渐扩大其弊，亦王子之罪人也。

他认为二子之异同在于：

> 朱王共同的特点在于都来源于道统之传。其言可谓因时而发，其真合符节。又朱王不能分别，朱子为了矫正时弊，重穷理辨惑，无非自反慎独之功。王子也由时之弊，重自反慎独之功，无非穷理之学。朱王之世，学者之惑不同，易地则同。

如前所述，他如下表示了自己的见地："愚不取朱子，也不取阳明，唯取古之圣人而侍用也。"又曰："愚拙向自反慎独之功之内受用之事，取阳明良知之发起；辨惑之事，据朱子穷理之学。"

王学者之神髓

从上述语录，可见蕃山超然于学派之外，唯得其变通之神髓，热衷于活学活用。拘泥于区区学派，为朱王之争之类，固为识者所不取。况以时处位之至善为最大要务，活动型的英杰不能拘束于一个学派。将来于学有成者，必须科学知识和精神修养兼得，得朱王二子之精神而不拘泥其迹，不亦伟人乎。如前所述，日本之王学者与中国之王学者相比，虽然都在实行方面大有所成，就中，应该说蕃山最为显著。

王学者之最佳楷模

蕃山传王阳明之学，完成知行合一，做出了不亚于阳明的活动，成为一代豪杰而被人钦佩，至今也是王学者中最佳楷模。若我国阳明学派无蕃山之才略事业的话，后入王学者，也许会选择中国阳明学之末流，这并非私言，且看维新前后的杰士们，从他们的言论可以清楚地知道他们是如何钦佩蕃山的经纶的。所以如今我邦之王学者，被赞誉为活动型经纶家。

著作①

一、集义和书（十六卷）　二、集义外书（十六卷）

三、论语小解（八卷）　四、孟子小解（七卷）

五、大学小解（一卷）　六、中庸小解（二卷）

七、易经小解（师卦以下未完）　八、孝经小解（二卷）

九、易系辞传小解（三卷）　十、孝经外传或问（四卷）

十一、大学或问（三卷）　十二、宇佐问答（二卷）

十三、三轮物语（八卷）　十四、神道大义（一卷）

十六、夜会记（四卷）　十七、三神托解（一卷）

十八、葬祭辩论（一卷）　十九、女子训或问　二十、女子训（三卷）

二十一、大和西铭　二十二、二十四孝评（一卷）

二十三、紫女物语　二十四、源语外传（五十四卷）

（江西同窗之士西川季恪，曾著《集义和书显非》，痛批蕃山。然而这

---

① 第十五种著作，原缺。

只是"燕雀安知鸿鹄之志"而已。）

评论

德川氏三百年为我文学界空前盛时。此间道德学术和辞藻技艺，蔚然自成一家者甚多。然而作为学者彻底其道，作为政治家有王佐之才，作为经济家有济民之略，伟功垂后昆者，独有吾熊泽子。

以荻生徂徕豪杰之资，博识洽闻，睥睨傲然一世而值得推崇者少。然在其《答薮震庵书》中称赞蕃山曰："曾闻，其人太聪明，盖百年来儒者巨擘。人才则蕃山，学问则仁斋。余子碌碌未足数也。"徂徕还每每自言："熊泽之知，伊藤之行。加之以我之学，则东海始出一圣人。"又俊逸儒医永富独啸庵曰："偃武以来，豪杰之士四人。山鹿素行、熊泽了介、伊藤仁斋，物徂徕是也。"

追慕者

太宰春台《复汤浅常山书》曰："夫芳烈公乃不世出之英主，得熊泽子，任之以国政，明良之遇，实千载之一时也。"

《日本诗史》记载，熊泽了介为其国政，举世所知。余曾为松原一清阅《出思稿》，其《牛窗泊舟诗》中有"渔家儿女亦知字，笑将《孝经》教老翁"之句，可想一时之教化。至今据说学校之设，尚有典刑。

蕃山之影响不只是在当时，远及幕府末期，还被天下众多志士作为榜样而尊崇。

回顾后来之王学者，如大盐中斋等必有深负蕃山之处。特别是维新之际，期经世济民之事功而崛起的志士中，仰慕蕃山之风者不少。譬如横井小楠说："日本学者中，唯有蕃山可取。"

藤田幽谷曾评蕃山，其意曰："熊泽伯继，抱王佐之才，位不过陪臣，虽有经世之略，不能以此施之全国。只是以区区冈山施教立政，传之后世。后之学者皆称足酬其平生之志。其然，岂其然乎……伯继既殁，其言尚立，斯亦以足不朽。"亦以可见钦慕蕃山之意。

横井小楠曾评藤田东湖曰："其人辩舌甚爽，议论甚密。学意熊泽蕃山汤浅常山抔，嫌程朱流之究理，专心于事实也。"又当夜会谈渐入佳境时，有以下之和韵：

> 访藤田虎之助，夜话极适，和虎之助韵：
>
> 　温酒寒园夜摘蔬，虚心交膝总忘予。
>
> 　议论不热冷于水，似读集义内外书。

以咏察之的话，可知东湖有取蕃山之处。

遗风

桥本景岳，赞蕃山之手简真迹曰："徂徕翁咬豆好詈人，詈倒今人及古人，不詈独有吾熊泽子，且赞其才评经纶，徂徕翁之笔札亦绝好，一时壇坫称雄杰，失足权门心早饥，嘲人却被人慢媟，何若熊子骨倔强，晚节受屈节愈烈。书何雄恢！即是熊子经济之才。书何清贵！即是熊子浩然之气。"

上面提到的，不过是追慕者中的名人而已。凡后世之学者，不问学派异同，略有志经纶者，直接或间接无不受到蕃山遗泽的影响。呜呼，奋百岁之上，百岁之下无不兴起者。蕃山亦伟人哉！

第三　北岛雪山

略传

雪山是肥后熊本①人。幼名三立，以北嶋氏为姓。自幼跟着熊本妙永寺的图南堂日收学习，修习书法，后蔚然自成一家。延宝五年（1677）丁已之春，游江户以书法而显名。曾仕肥后侯，食俸四百石，性宏达不羁，崇尚阳明王氏之学。

大丈夫节操

熊本侯曾令在国中禁阳明学，雪山和同学们相谓："为了爵禄改变我之操行，非大丈夫所为。"乃上书曰："臣从少时开始修阳明学，事君父必由斯。今弃之，无事君父之道，请准臣离去。"侯甚赞其志而允之，特命赐三年俸禄，得随意去国。雪山之高行和侯之有礼，至今仍为肥后人所传颂。《欣古杂话》曰：

> 宽文九年（1669）十月一日，朝山次郎右卫门、西川与助、小笠原勘助、浅野七左卫门、北岛三立等多人辞去职务。

据传，这是因为他们属王阳明学派而被禁止，总共有二十来人。北岛

---

① 肥后国即今熊本县。

即是那名闻遐迩的雪山，作为儒医曾受赐四百石。据说他编撰过《肥后一统志》，但只闻其名未见原物。

善书

雪山既引退，罢弃官舍，修理屋宇，洒扫庭内，致有司之后，着野服萧然离开乡里。初至八代寓亲朋之家，既又行游长崎。雪山善书法，奇行颇多。书法以文徵明为主，加之以瑞图。年老，书法愈超逸，风骨神妙，自谓宇宙独步，绝不盖印。永富独啸庵曰：

> 南郭之诗，雪山之书，芭蕉之俳谐歌，皆一世之逸品，研精刻意，久之，遂诣此域，绝非容易。

奇行

雪山去长崎，一夜睡在桥下。翌日去酒肆饮酒，主人乞钱，雪山曰："没有。"曰："家何在？"曰："没有。""然则子之业为何？"曰："写字。"曰："近日繁忙，子请为我点账簿，以充酒钱。"曰："诺。"乃逗留连月，主人大爱其神风之高迈，遂让他居住在长崎。性好剧饮，戏成笔文，狂吟放浪，不拘绳墨，接席士大夫，衣衫褴褛也无愧色。元禄十年（1697）丁丑闰二月殁，年六十有二。雪山尝对其门人广泽曰："足下之书法是当时来游学的五六个人中最没有灵巧的。字形甚丑，然而久学之，可得善书之名，然若只因书而显名，失君子之大业的话，则可不必勉强学书。"

君子之大业

呜呼，此言何其高何其大也！且昔日辞肥后侯之言动，正是他富于节义、有信道的表现。惜雪山自己的本领被书法之空名掩盖，遂不显于世。

真正价值被书名掩盖

后人徒称其为书法家。然而其言行高洁，作为王学者也应该受人敬仰，绝非与寻常书法家之流可同日而语的。虽有著书今不得见，唯描绘雪山之片影，遥敬仰之。

第四　三重松庵

略传

三重贞亮，通称新七郎，号松庵，平安①人。与三轮执斋同时兴起，专门倡导阳明良知学。元禄十五年（1702）壬午之岁七月，为门人著《阳明学名义》二卷，以启蒙。上卷初说致良知之旨，中卷说五伦五常，终说孝，凡分七项。下卷则说大学说、仁义礼智信、孝悌忠信、心性情、理义、知行合一、四句教法等七条，皆以简易实用为要。门人丰满教元在《序》中谈刊行趣旨曰："三重松庵先生曾研究九经，折中诸贤，以为子王子之致良知及知行合一之旨，切近世教，实孔孟之正宗。然而，本邦近来世间有称阳明学者，其说解和王子不同者甚多。先生慨之，曾著《阳明学名义》二卷，其意以欲启蒙初学。"丰满教元，江州八幡人②，亦崇尚阳明学。

从《传习录》悟入

松庵又在其《后序》曰："余一日读《传习录》，初未晓文义，读之久已，恍然似有所省者。然后知阳明子之学，真切简易，粹然大中，归之至正。"末尾曰："村上之子明亮，年十七，聪敏好读书，时常向余请教，余嘉其志，为著《阳明学名义》二卷以贻之。"意使晓其名义。

---

① 即现京都府。
② 江州八幡即近江八幡市。

著书志望

又曰："若夫于诠释之外直言本意，以真其必然验之无疑者，则其存自力而已。本书以方言演成，以国字录之，即使初学者也可一读而通晓之。且其解说之处，不止于字义文意，直接言及我国之国体、民情、风俗。"

下面仅提出最为紧要之一二节。

致良知

此三字是学问之纲要，圣人教人第一要义。良，是本然之善，由根本为善。知，为明觉之自然。见花知花，见风知风，善善，恶恶，其皆为知辨心之神明，人也同样禀于天，以根本善之智慧为吾心之良知。如此，则天道运行春夏秋冬之事是古今不变的，如柳是绿、花是红、甘草甜、黄连苦、牛耕作、犬夜守那样，吾心之良知也如万古一日，更是不变的。目分黑白，耳听声音，鼻知香臭，口分甘苦，身感寒暖，不管是昔之人还是今之人，都是不变的，善善，恶恶，知孝悌仁义吾心之良心，不论是尧舜时代之人，还是末世之人，也都是不变的，同一体之神明也。

良知是普遍的

然则三岁儿童，谁也没教过，也没有思考力，却自知爱父母。渐渐长大后，知道敬兄。不论贵贱贤愚，不分华夷，与人没有契约，但自然相同的是吾心之良知。不失此吾心之良知者，谓之圣人贤人。迷昧凡夫则目视美色而爱之，耳听好声而心动之，嗜香于鼻，贪味于口，朝夕沉溺于种种欲心妄念，自昧于吾心良知，为不孝不悌之业，与禽兽相去不远。诚可悲可愍也。虽然如此，只要吾心之良知不息灭，则会时而发见。譬如孺子不需要分辨，见人掉入井中，即使恶人也会自然产生怵惕恻隐之心，这就是吾心有良知的缘故。这个发，推而广之则为致良知。致，可解释为推极也，也可解释成至、极。比如，十可以从一到二三四最终推进到十，吾心一念之良知，见君则起忠节之心，见父兄则起孝悌之心。认取其一念，则可推到至极。唯起知忠孝君父之心，叫作至吾心之良知。不应该叫致良知。

四书五经乃吾心注文

其又说四书五经，说的都是致吾心之良知。以"致良知"三字为目的去读四书五经的话，则皆为我身之行，可为今日之用。若非如此，四书五经也和我身分别，没有益处。此三字，是学问之纲要，为圣人之教人第一要义，特别是为阳明学之宗旨。

知行合一

知之为知，谓能合符事物之道理。行之为行，谓身修行道。合一，谓合而为一之意。儒学和佛教，都分知行为二。故先心知得事物的道理，其后身行会得。

而阳明认为，知是行之始，行是知之成，是为知行合一。要言之，思行孝、行悌之心，是知而行之始。其孝悌之浅深，则行然后知，是为行而成就知。譬如饮食，有欲饮食之心，才知饮食，其欲饮食之心，为行之始。饮食之味待入口后而知，这是知之成。说知孝悌，谓得行孝悌。并非只晓得孝悌之理，是故知即行，行即知，知行不相离，不分别为二，才叫作知行合一。此乃阳明学之宗旨、孔孟之本旨，俱见《传习录》。方今略其大概。

大桥讷庵

著者在上野的帝国图书馆①见到此书。然而此书原来是大桥讷庵所有，然在此处有栏外朱红批语，使得我们今天有幸窥得讷庵关于知行合一的见解。现附记如下：

顺曰：知行为一物，所指异名而已。然说合一，似乎是将两个东西合为一个之谓。然这不是姚江之本旨。故文成公也宣称"不得已有合一并进之说"。学者应好自心得。

等待垂教

关于松庵，我们不幸没有得到充分的知识，以松庵著书之时代推论的话，其应该和北岛雪山、三轮执斋前后而出。但如果和石庵、执斋同为平安之人的话，也许会有些送迎议论之类的事情吧。

---

① 即现在的日本国会图书馆，位于东京的上野。

第五　三宅石庵

略传

　　三宅正名，字实父，又号石庵或万年。平安人。生于宽文五年（1665）。石庵少时因耽学而无视家道，乃至家产荡尽。于是卖却家什，以偿旧债，所余仅数金。对其弟观澜谓曰："今虽贫极，短褐蔬食，可支数年。钻研之志愈来愈深，环堵之室，对几讲习，乃至废寝忘食。"石庵深信陆象山，喜王阳明之学，几乎无不穷尽。兄弟相携来江户，教授取给，居数年。

地步

　　石庵独自归京，后至大阪。一时名声翘然而起，弟子云集。中井甃庵等相与谋之，请官建庠序，名曰"怀德堂"。众皆推石庵为主，固辞不可，遂领祭酒之事。亦以能见石庵当年之学德。怀德堂后为中井氏继承之，到文政天保之交，竹山履轩兄弟并出，至隐然执关西文学之牛耳。

善书

　　石庵工于书道，颇得颜真卿之法，即使一字也被人争相求之。资质极朴素，其书法作品从不款印，又善和歌与徘谐。

　　石庵和三宅尚斋、三轮执斋、玉门苇斋是朋友。然尚斋固守朱学，深忌讳异己者。苇斋专奉神道，执斋信阳明学。然其交不绝，乃不忍旧情之故也。执斋及三重松庵和同派人士，也互有交情。

学风

石庵之事迹，所传不多，且其学说没有什么特别之见，加之其学也不是纯正陆王之学。当时香川太冲评曰："世称石庵为鸥学问，其首为朱子，其尾是阳明，其声似仁斋。"享保十五年（1730）殁。享年六十有五。

第六　中根东里

略传

孝养

中根东里，名若思，字敬夫，号东里。通称贞右卫门，伊豆①人。东里资性孝顺。东里之父善饮，每出必醉，归家则晚。东里常秉烛迎之。

曾偶遇途中，父醉甚难辨东里和他人，大骂之，遂倒树下而睡。东里扶持之不起，乃返回家中，取蚊帐。而又恐其母不安，称为了和父亲一起住宿，父亲今夜醉酒某之家，客众无多余的蚊帐，同儿住一宿后再回来，遂到父亲睡处，张开蚊帐，彻夜待其睡觉后，再扶持还家。乡人皆称其孝。

东里年十三时丧父，事母甚谨。其母命修父之冥福使其皈依佛教。于是他进入本乡禅院，剃发为僧，号曰证圆。

出禅门

此后登山城宇治之黄蘗山，师事悦山禅师。盖禅家之课业在于得佛祖真面目，不能博读群书。东里厌薄其课之烦，悄悄出寺来到江户，寓下谷莲光寺，研究净土宗之学，遍读经典。其寺主曾和物徂徕交善，屡称东里为人明敏，与众不同。平常读书时，若有不通之处，虽历年之久，必记在

---

① 即伊豆藩，今静冈县伊豆地区。

心，触事发明。徂徕闻之，大为赞赏。曾试让东里句读李攀龙《白雪楼集》。东里在书傍添加训读而返还之。时岁十九。

进入徂门

东里进入徂徕之门时，徂徕爱其才，常对坐客曰："文章如东里，后才能学左氏史公。"揄扬之，其诱掖宠树无所不至。东里诗才俊逸，文尤跌宕，可观其机轴。譬如下毛天明乡之菅神庙碑、相州鹤冈祀堂记之类，柴野栗山、山井四明、太田锦城等大家皆称赞曰："庆长、元和以来绝无稀有之文。"东里在莲光寺居住数年，自知为僧非道，屡屡请蓄发还俗。寺主雄誉上人，颇有见识，有心遂其意，但认为如此似乎有蔑视法度，表面上不许可，私下称其有疾，允许在寺中别舍蓄发。

参悟修辞之非

东里刻苦读书，唯嫌时间不足。稍疑徂徕之学，乃取所作文章数篇烧之，厌恶所谓修辞之业。时细井广泽屡屡同雄誉上人游。闻东里为人，大奇之，延寓其家。不久归省乡里，其母犹在。遂请母，而后得还俗，称中根贞右卫门。

性行

室鸠巢又闻其名，欲引之其家为客。东里素慕其学，委贽师事，时二十三岁，享保元年（1716）正月之事。东里资性狷介，不能苟且为世所容，高洁自持。故从游之者，皆惮之。室鸠巢特别爱之曰："强项不屈，缄默无竞，能处磨涅之中，更无淄磷之损。"

皮履先生

东里跟从室鸠巢，在加州居二年，还江户，教授生徒。葆光自晦，不欲与当时诸儒相颉颃。常甘于退落，其资用乏，则于市鬻棉丝绣针之类，又造竹皮履售之。得数日之费钱，又闭户读书。从游之士之外，不见其他人，沉默自重。人见之，皆称皮履先生。

尊信王阳明

东里至延享中，厌江户之烦喧，游下毛之仁田，客居于九峰高客明之家。其爱旷野之清闲不还，后移居天明乡。于此几乎弃旧习，尊信王阳明之学，专倡其说，以诱化子弟。全乡为之化，敬慕东里。据说，即使是妇女儿童，也皆知东里之名。

东里在天明乡时，其弟孔昭失业，又先丧妻，不能育其女。乃携来托于东里而去。时女仅三岁，日怀抱之，庇养抚育，无不倾尽所能。人皆以为难之。

新瓦

曾乘此机会著一册子，在其端画鸟兽，饰以朱绿，名曰《新瓦》。以为稚子蒙昧，未得教谕，成长后，自己弄之，能读之，则吾让其知抚育之意。《新瓦》文辞平易流畅，不只敷衍人事，亦有不知不觉间感动心志之意。

东里于明和二年（1765）乙酉二月七日，殁于相州浦贺，享年七十二。葬于海关之显正寺。无妻，临终之前以一个名叫藤梓的人为嗣。

著作

一、东里遗稿（一卷）　二、东里外集（一卷）

教学＝学说

东里初以孝养而被称颂，转入禅门后，三溺于净土宗，四溺于辞藻，五入朱学，沈晦自养，专事恬淡无为，得皮履先生之名。其后移住下毛天明乡，沛然归阳明良知之学，遂为安心立命之地。看到东里之经历，不由得想起阳明子之经历。

小阳明

赖山阳曾称大盐中斋为"小阳明"，我们也不妨大胆地称东里为"小阳明"。东里生不逢时，且生于昌平之世，虽无武勋之赫赫，宣扬阳明学，着力于熏陶弟子。众所周知，阳明学以学问和事功并进为旨。然而东里却潜心学问，虽未立事功于世，在自家之操行上，达到知行合一，学业并进。

根本主义

特别是他的根本教义，在于会悟天地万物一体。夫天体万物之教义，古来既含天人合一之说，其说很难有独特之见，而其敢取以为自家的根本主义，推广敷衍组织成为一家之学，有不可埋没之功。

立证

其以性和气二要素，立证自家天地万物一体说，盖谓之巧妙。其立证过程，依东里自己之笔，有最详细论述之。加之东里词才俊逸，文尤跌宕，颇有可观之处。

天地万物一体之训

一体之训，其由来已久，非后儒之新意。有关其说明，且已具备，亦不可加。今原其始，以告同志如下。

《泰誓》曰："惟天地万物父母，惟人万物之灵。"天地果为万物之父母，万物乃天地之子。子与父母非一体有焉？《礼》云："人者天地之德。"又云："人者天地之心也。"人果天地之心，则天地乃人之身也。身心非一体有焉？心德非一体有焉？万物之区以别者，如在一身之中耳目口鼻，手足肩背，各有其分也。或贵有上，或贵有下，或远，或近，或大，或小，其得差等节目不可混同。然精神周流，脉络贯通，无不应疾痛欢乐感触神应者。是故上者下爱，下者敬上，不忘远，不忽近，事大字小，相助相安，乐以天下，忧以天下。是尧舜之治体，圣学之大本大源也。吾侪于此专心致志，不务讲究体忍，逐末随流，滔滔不反。旷日失时，遂以至虚此之生。其以所然者何？于一体之中自异，高各其藩篱之故也。其各如此，人只是一团血肉而已，岂足为天地之心？前圣之言如此，灿然明确，程子王子之说，有何疑焉？明道曰："仁者以万物为一体。"非己者无。天地以为己，万物亦为己。天己高也，地己厚也，日月己为明也，四时己为变化也，鬼神己为不测也。学者诚存其心，定其气，去人我之见，意必胜私，真诚体察之，则于天地万物吾见无毫末之间隔，信得圣贤非欺吾也。况有阴阳五行之人，天地四时同往来变化，曾无内外彼此之别。喜怒哀乐、视听言动，于天地万物有一毫之间隙，如斩如刺，不可忍疾痛恻怛。非一体，岂能如是？是以古之圣贤，如人饥溺，一夫不获，己推是如纳沟中，先天下之忧，汲汲遑遑，无暇煖席。故求此纷冗中，以自非劳苦。只是万物与吾一体，则生民困苦荼毒，无不是吾切身之痛苦。不知吾身之疾痛者，无是非之心。程子云学以所至也。《礼》与《泰誓》，为圣愚之同然所指。夫以天地万物为一体，则天地万物皆为一物。所谓格物，格此一物而已。格此一物者，复其本然而已。圣人之学，其如此扩大简易。明道倡之于宋，阳明名之于和，以示宇宙大全于天下万世，其圣德大惠，民无不得称。吾侪小人，凡近陋劣，反复沈痼，云闻此说，如不知井蛙之海，如疑臭虫之冰。于其一体之中，迷乱困苦之事，真如猫犬自逐其尾之旋转。岂足以为万物之灵？其哀可叹，孰是不甚？刍荛之言，不得已而已。凡百君子，毋以孟以浪。毋以人废言。

宝历壬午季春，中根若思。

教育

东里既知释道之非，悟修辞之非，又排斥朱学究理之说而不取，自归良知之学，奉知行合一之说，专用意于实践躬行。其教化其门人之方针亦是如此。

教育主义

东里曰"彼以文辞为学者陋，向外求义者惑"，故不取那些雕虫小技。东里资质恬淡，好居闲地，故训化的弟子虽不多，出其门者，皆以实践为要，一时以学德著称。收入《东里外集》之往复书简，多与启发门人有关，文章流畅，旨意殷勤，一读有振发后进之概。

和歌二首

东里咏"心外无物之理"歌曰：

> 毋说己身不足道，无限神物在心里。

又咏"天地万物一体"歌曰：

> 弃道应有山和野，天地无隔大世界。

辞藻

阳明学的主要宗旨在于知行合一致良知。以简易直接为主旨，以复杂繁衍为非。故反以修辞为害道者，以末忘本之故也。然今假使举我邦王学者之长于辞藻者，三轮执斋以国歌闻名于世，佐藤一斋作为文章家亦被世人称赞。然而，词才俊逸，文章跌宕，无出自东里之右者。

评静立

东里相对静坐，曾发明静立工夫。凡初学之徒，沉静思考一件事时，必要宁心静身，故静坐静立皆不可废。然而，静坐厌倦时，应该经常静立；静立倦怠时，又应该以逍遥助之。我往往以逍遥得佳兴。进一步说，阳明学不需要静坐于山林岩穴，阳明子右手执剑，左手持卷，遂成其志。曾曰："破山中之贼易，破心中之贼难。"又常戒坐禅入定之非。我们在自反慎独工夫时，应该称赞东里的静立。

第七 三轮执斋

略传

三轮希贤，字善藏、执斋，又号躬耕庐，平安人。生于宽文九年（1669）。执斋之先本为大和三轮神社之司祝。父亲名叫泽村自三，以医为业住京师。执斋六岁丧父，一名叫大村的商人因同为司祝之后，与自三相善，乃育执斋。长大后，出之为真野氏。年十九入佐藤直方之门，学习朱子学。学既成，因直方之荐，宦于厩桥侯。其后学习王阳明之遗书，得良知之旨，乃至和士大夫交往时，专心一意祖述之。厩桥侯以其学之变而大喜，乃引退归京，专从事讲学。后来又去大阪，再去江户。数年之间，居止无恒，曾在江户下谷创建明伦堂，以教授诸生。及归京，以门人雄琴为主事。

著成《传习录标注》

执斋四十岁时，标注《传习录》。及刻成，有告王阳明之文。其词曰：

> 日本正德二年，岁次壬辰九月尽日，希贤敢昭告大明新建侯文成王公曰：道无古今，心无彼我。恭维先生得心传于同然，指圣功于良知，德业辉于当世，余训流于万邦。呜呼，盛哉。我京伊筱山源君景仰其德，笃信其学，政务余暇，使希贤讲《传习录》，且考定刻行之。希贤固辞不得，叩奉严命，发轫于去岁八月，毕功于今月今日。谨考

支干月日，悉皆正当先生诞辰，而历号亦与先生存日同，实和汉万世未曾有之一遇矣。其偶然与，将有数存焉，则斯道之兴似有所俟也。谨以清酌茶果，奠《传习录》新刻本，虔告功毕于我文成公。伏冀先生之道，大明乎天下，至治之泽，蒙遍乎生民。

日东，平安书生三轮希贤谨告。

进《周易手记》

那波活所曾曰："至正德之顷，京都出了个三轮执斋。专主王阳明之学，云为阳明学，又云心学。阳明是明朝正德年间人，又有人在（日本的）正德年间提倡其学，缘机成熟，从学者不鲜。"云云。又有《周易进讲手记》六册，这是执斋奉松平纪尹守之命而作的手记。时松平公在东下途中，执斋送公，至大津时献之。公接受此书，并说准备在轿中阅读。

王文成公画像

当是时，执斋和物徂徕、室鸠巢、伊藤东涯等鸿儒同时而出，但宣教稍难，不至奏赫赫之功。执斋遵信王文成公，专绍述之，但没有在王学以外别树一帜，与藤树蕃山相比，其特色略显淡薄。离开厩桥侯后，复归属长崎镇台，从中国人那里得到了两幅王文成公画像，一幅藏之于明论堂，一幅藏之于近江之藤树书院。据说今尚存之。著书亦稀少。执斋虽长于国歌，诗文不是其所长。

蜕岩推荐执斋

当时梁田蜕岩，在与人之书中如下称赞执斋：

方今江左之儒者，有以辞藻闻名的南郭、金华等人，姑且不提。振铎四方，大为提倡圣学者，舍斯人谁其何也。

川田雄琴曾学于蜕岩，蜕岩谓之曰："余以一日之长，文艺则尔之师。至明道义、穷心术，当去执斋处就学。"雄琴乃通过蜕岩，拜执斋为师，精思力行，专推知行合一之旨，终因执斋之荐，起仕大洲侯。

执斋初因直方之言，抛弃了真野姓而复姓三轮，以祭其祖，深以直方为德。后闻直方病危，急往访之。还没有到达则直方命绝，乃赋和歌八首哭之。其陈谢得复三轮姓的和歌曰：

永不能忘却，思慕三轮辉煌姓，多亏君教诲。

终不能让直方归王学，引以为恨，歌曰：

尽管是这样，也只能放在心头，留一系遗憾。

永言

有传曰，执斋尤达事体，其言优游有余味，能使听者心醉。曾抵近江小川村，集村民讲学。四座皆感泣服之，翕然相谓其为藤树先生之再生。

执斋标注《传习录》而刊行于世，所以世人得自由阅读《传习录》。又著《四言教讲义》《古本大学和解》《日用心法》《格物辨义》等书，无疑有助于王学的复兴。然窥执斋学说，唯有《四言教讲义》《古本大学和解》等书。即使这些书也仅在于信奉王阳明之意，没有什么自己的见解。和藤树、蕃山不同之点，在于他是用他自己的见识在加以解释。

执斋于延享元年（1744）正月十五日殁。享年七十六。

学说＝心之本体

执斋对心之本体的理解，可从他对四言教第一句"无善无恶心之体"

的讲义可以得之。此四言教之解，如执斋所言，其最为重要，为王学之精髓所在，故他对这一句的解释非常详细。

心与镜之对比

执斋说心之本体，论善恶之起源，极为周到精密。其言曰：

> 虽说人心有善恶二途，那是发动时之事。动是因气之故，其不动时只是一丝光明而已。如镜之未开之时，没有妍媸。其不映照时，并非没有万象。心映照物时，则有象，镜是本镜。心不写照时，则无象，镜之内并非无象。此镜无动静，照物之心有动静。此镜为人之本体，不知此源而为善，则其善是气质之善，不是天理之本体。恶亦然。所谓心之体，即宿在人心之天神。此光明不亘人之意念，自然照是非，是为良知。耳无五音是耳之本体。无五音，故能分闻五音，不会有误。若常有一音的话，五音皆误。故耳之至善为无五音。口亦无味为口之本体。无五味，故能分五味，不会有误。若有一味的话，五味皆误。故无五味，为口之至善。心无善恶，心之本体。无善恶，故能辨善恶，各不误事。若有之时，善恶皆不同，故无善恶，心之至善。

执斋如此讲义而发挥之，虽然不是没有妄信瞽从之嫌，但从解释中可见其一家之特色。

心之体，为鉴空衡平状态之心、寂然不动之心，故执斋比之明镜。以明镜和万象之妍媸，说心之体和事物之善恶之处，颇为巧妙，极为精致。今客观事物之善恶，和主观心之本体相对，心之本体与客观事物之善恶如何无关，依然称作鉴空衡平。若心之本体，预先具备善恶的话，则不能辨别善恶。所以执斋借口耳和五味五音，来表示这个关系。而此处所说的至善，为绝对之善，超越任何与善恶有关的性质。这就是所谓的无声无臭、无善无恶。

执斋所谓的心之体，即宿在人心之天神。此光明和人的意念没有关系，自然照射是非，此谓之"良知"。所谓天神，不过是形容其至灵至妙之语。而宿人心之天神，即心之体，不活动时，则被称之为心之鉴空衡平。和一般所说的心是不一样的。此处所谓"人心"，是相对"天神"之天而言，而不是天理、人欲、道心、人心之类，和一般所谓"心"也有所不同。说其和意念无关而自然照射是非，是指直觉性。故执斋之意，可解释为良知寂然不动，超绝善恶的心之动，所谓至灵至妙之直觉性判断之能力。

且执斋将经验性推理和良知之直觉区别开来，知识来自见闻，以私知按排加以辨别，是以其虽不是良知之外物，但和人为有关，而不是自然之明觉。故根据各自从来之习惯和气质来定善恶。但出自良知的话，见闻也即良知，落于见闻的话，良知也是知识。按照直觉来判断善恶的话，即使不需要推理判断，按照推理性判断的话，其中显现出良知之光明而做出判断。故良知之自然明觉，和知识、见闻、私知之安排、推理之判断，是有区别的。不论如何，终不能不得。云"知善知恶是良知"，固然是直觉性判断之意。执斋的解释，虽然极其详密，但其范围不太清楚。

从上可见，良知知善知恶，足以为伦理的判断标准，但这只是主观标准，而不能成为客观标准。所谓主观的善恶，自认之善或恶。所谓客观性，即以一般人之认定来判断善或恶。有此区别的话，自认之善则和舆论不相容，为至死之物。如仰慕苏格拉底之毒，以之为职而由之者，古今史上其例不少。而以良知为主观标准的话，即使不容易确定客观标准，但在一定程度上，可得到一定的主观标准。然而这是相对的，但不是绝对的，必有许多例外。

意之动

"意"字，是斯学颇为重要之处。王阳明在序《大学》时，云"大学之要，诚意而已矣"。心学者，都是为了诚意而已。故执斋曰："即使从外面究得天下事事物物之理，但如我心所起处不诚的话，反而有害。即使悉知天下之事事物物，不知我心亦有害。所以，诚乃真实无妄之谓也。"

那么，意是什么呢？执斋曰：人心原来至善，虽说"无善无恶"，但血气生生，时无止事的话，必无不动事。其动云意，其动之处，千头万绪，是云之物，皆有意之处。有意之处，虽说千头万绪，简而言之，不出于善恶之二途。鉴空衡平，无善无恶心之体，而不能永久寂然不动，瞬间也无停滞，生生活动，则为千绪万端之事。而事，则可分为善和恶。此要最需要猛省的，在于这个善恶如何起来，符不符合目的，将直觉性的定某事为善、某事为恶时，一定要等世间定下善恶标准之后，才能做一定的辨别。但执斋也没有论及应该如何判定最初之善恶，只说恰有万物不遇之尺寸，才能定善恶。

万人同性论

执斋和王阳明一样，提倡万人同性论。曰："学问难道不是为了避免成为恶人，成为善人吗？善人之至极，应达到尧舜，恶人之至极，应陷于桀纣，其界线在一念之间。"此话最为精密。然遗憾的是，其没有说明善恶标准。且以尧舜和桀纣作为两极标准的话，则世间只有理想的善人和完全的恶人。即使是到桀纣，其性相同，无不具有良知。大凡中国的伦理学者，都有用语不精确和盲信放言的缺点。对这个问题深思熟虑之时，也不免有多歧亡羊之感。

好善嫌恶

执斋论格物，曰物者事也。凡写我意而来之事，从一身乃至天下，皆事也。吾心之所好，是因为本体原来善也，故必为之。恶则是我心之所嫌，因为本体原来无恶也，故应务必去之。藤树解事为视、听、言、动、思之五事，立先人未发之言。执斋认为，凡写我意为事，从一身至天下，皆为事也。

理由

藤树的解释，虽有条有序，但不如执斋之言圆满和科学。其次，执斋"好恶善嫌"的理由值得一提。其虽然断定心之本体为无善无恶，此本体善，故好善，无恶，从而嫌恶。岂非前后矛盾之言乎？其已信"无善无恶心之体"，何不能贯彻之？加之其论本体善故好善，丝毫不足作为理由而举之。荀子唱性恶说曰人性恶故好善，这并非没有道理，但不能作为理由。性善论者，说性善故好善，性恶论者，说性恶故好善。殊不知"性可以为善，可以为恶"，然好善望善果，嫌恶忌恶果，人性自然之性而已！

良心和良知

执斋曰："良知本体自然，不是人为之物。如见孺子之掉井而俅惕恻隐，和人为无关，由天命之性直接发出。此谓之良知。"又曰："所谓心之体，即是宿在人心为天神。此光明和人之意念无关，自然不照是非，是谓良知。"又曰："虽起恶念，本体之良知未曾泯灭，因而不能说不知良知。所谓良，毫无造作，直接而出。无思计而自然知之者，是谓良知。"又曰："至有其恶，照良知，虽羞耻，却不知应该如何，突惊掩其不善，其善不显。"云云。孟子初云良知良能，又云良心。孟子推举的这二者是不是异名同体，尚不得而知，儒教于此需要紧要研究。王阳明解《大学》之致知之知，为良知，后人盛唱良知。其后，汲王氏之流以致良知为学问修德之要务。然而，孟子兼而言之，不管取何意都无反孟子之意。孟子虽不明言良心即良知良能，但解良心和良知为同体异名之学者甚多。执斋则说良知如良心。中斋则断言良知即良心。在我们看来，良知和良心，实为异名同体。

著作

一、周易进讲手记（六册）　二、古本大学和解上下

三、标注传习录附录（共四卷）　四、心学

五、正享问答　六、四言教讲义（一册）

七、孝经小解（一册）　八、时务问答

九、服制问答　十、社仓大意

十一、诗文集　十二、歌集等

第八　川田雄琴

略传

　　川田资深，字琴卿，号雄琴。初学于梁田蜕岩。后通过蜕岩进入三轮执斋之门，继承知行合一之学，以精思力行著称。曾代执斋督江户下谷之明伦堂。后因执斋之荐，仕于伊予大洲侯，侯乃移明伦堂去大洲。雄琴之著作，只有《传习录笔记》，是记录执斋的讲义而成，未能刊行，颇为后人珍惜，世间虽有藏者，惜不能示人。执斋虽然多年为振兴王学而鞠躬尽瘁，遂不得出大才。绍其箕裘者，只有川田雄琴而已。

第九　石田梅岩（附手岛堵庵、中泽道二）

略传

从元文到安永年间，朱王折中的心学者辈出，其著名者有石田勘平、手岛盖岳等。

石田梅岩

石田勘平，号梅岩，初修朱学，后游肥后，承传禅学，又参研王学，建立了自己的心学。其著书有《都鄙问答》四册、《齐家论》二册等。

手岛盖岳

手岛盖岳号堵庵，提倡简易切实的心学，每月三日讲义，普教男女。其著书有《前训》《为学玉箒》《子弟训》《商人夜话草》《拂尘》《知心辨疑》《坐谈随笔》《会友大旨》《吾杖》《睡悟》《安乐问辨》《朝仓新话》《明德和赞》《町人身体修炼》《无目用心抄》《新实语教》《脐隐居附录》《町人身体柱立附录》《忠孝挂物》等。以道德为地方人士仰慕。

心学者之传承

若寻此派心学者之传承，始祖为石田梅岩，二代为手岛堵庵，三代为中泽道二，相传至川尻宝岑。而如镰田柳泓等，也可算进此派中。

第十 镰田柳泓

略传

镰田鹏，号柳泓。南纪①人，文政之时，来京师寓曲肱庵，立朱王一致说，提倡心学，广泛熏化世人。其所著之书，涉和汉者颇多。专旨简易，施国文以平假名，加之以绘画。今见其著述目录，多达四十四卷。

著作

一、朱学辩（一册）　二、心学五则（一册）

三、中庸首章讲义（门人西谷良圆笔记）（二册）

四、理学秘诀（一册）　五、心花余材（四名公语录）（三册）

六、老子谷响（三册）　七、老子鉴（二册）　八、心之花实（三册）

九、拟水浒传（十五册）　十、柳泓诗文抄（二册）

十一、庄子译说（十册）　十二、究理绪言（二册）

以上之书，如今大多仍行于世。其作为王学者名声不扬，作为文学者不为世人所知，然而门人西谷良圆在《心之花实》的《跋》曰："吾柳泓先生博识道德之至，慈仁深远，导人示教应其材之高卑，可说其益广

---

① 南纪为今和歌山县西南部。

大。"又柳泓之友人序曰："予友柳泓镰田，博识强记，道德高深，且和汉著述丰富，可谓众人皆知。"由此观之，其在当时以学德著称而为众人所知。柳泓为朱王一致论者，以建立一种完全心学为目的，在间接振兴王学方面功劳很大。

第十一　竹村悔斋

略传

竹村悔斋，资质磊落不羁，重节义。夙喜阳明良知之学，守知行合一之教。悔斋仕举母藩。藩宰某，弄权势而乱国政。悔斋愤然扼腕曰："奸恶如彼，必要除之。"乃上书劾其阴事数十条，以言未行而辞去。由此以诗文自娱，复不以时事为念。一日归路遇藩宰，突然大呼奸贼拔刀刺之，毙，再刺气绝，悔斋乃访友人决策，归家自刃。时文政十二年（1829）。悔斋之传记，既成其友人之手，叙事详密，文字苍劲，宛然如见当年之状态，一读应悉知其性格。

评论

悔斋之行为，颇失于过激，是即得知行合一之旨。知恶不除，知善不行，为知所不许。良知之灵明炯炯者，则见国家之害恶，恰如见自己之危厄，瞬间不能踌躇。这是基于所谓天人合一大观念之行为。

戒无知妄行

我们宁愿称赞悔斋勇往直前，实行教义。然无真知而妄行者，实为王学之最不取之处，阳明子原本愤慨世人止知而不至行，立知行合一并进之说，亦戒无知妄行甚严。后来有志于王学者，绝对应该戒慎之。

第十二　大盐中斋

略传

大盐平八郎，名后素，又叫正高。字子起，中斋是其号。德岛藩①老稻田氏之臣真锅次郎之二男，宽政六年（1794）甲寅之岁，生于阿波国美马郡胁町。

悲酸的境遇

相传，其为父母祈祷于丰国神社才诞生的。早年丧母，因母亲的亲缘，幼年托育在大阪某氏家，七岁过继给大盐氏。孩提之时，远离父母膝下，来到了大阪。不知家庭之温乐，然孤臣孽子深操其志，故能成为大人物，中斋即是这样的人吧。天资峻岩峭拔，加之幼时有过悲酸境遇，便加倍涵养之，世之凡童遭遇不运时，大多会偏僻猥琐，遂不畅发，唯麒麟儿能处难险，养志气，练心胆，中斋在襁褓摇篮时已进入逆境，毕生间关崎岖，其刚直果毅之气象，大多起源于艰难少年时代吧。

中斋二十岁便当上了大阪东组与力②，可见他也曾有着多年萤窗雪案之功。曾在私塾拜师学习过素读训诂，但不知其在何人门下学习过。

---

① 德岛藩为拥有阿波国和淡路国的大藩。
② 与力是江户时代基层武士的官衔，协助城主或高阶武士处理各种治安方面的事务，类似于现代的警察署长。

当时的学派

当时之学风，非朱子派即考证派，非考证派则为折中派。在江户作为朱了学中心的有林信征、尾藤良任、柴野邦彦、佐藤坦等大家。在京师有皆川愿。在大阪有竹山中井积善、履轩中井积德兄弟，建怀德书院，隐然执关西文学之牛耳。有人曾说中斋曾游学过江户，五岁就学于林家。但此说不知出处。然根据当时的学风，中斋当初大概也以学习训诂诗文为主吧。

从《古本大学》切入

其门人松浦诚之在《洗心洞札记跋》中曰：

> 先生志学之时，海内儒风萎靡，如非训诂，则为文诗，未有躬行孝悌忠信以导后进者。故先生亦久陷其窠臼。但一旦读《古本大学》，便默识神了诚意致知之旨。

句读之师虽不可缺，但并不一定要名师。然其私淑王阳明，无疑为独学。中斋的境遇和气质最适合学习阳明学。其弱冠之时已为刀笔之吏，在簿书堆积中，势必自促知行合一。加之其资质峭直果毅，最适简易直截之学。他不堪朱子学繁旺闷养，一朝读到《古本大学》，便触豁然灵机，遂弃旧学而归之。异域之外，旷三百岁奋然兴起，绝非偶然。王阳明乃所谓百世之师也。

仕途

成为吟味役

中斋一走上仕途，便以刚直廉洁著称。文政四年（1821），山城守①高井实德，担任大阪东町奉行。中斋很早便受到他的知遇，在高井山城守大展骥足时，被擢为吟味役。这虽然只不过是一个小官，专司审判刑案，惩罚罪囚，摘发奸邪，由于直接和人民接触，所以得否其人，和治绩有很大关系。在职者，一般都会一举显示其手腕。中斋自持谨严，处事公平，学识超群，志气豪壮。但时代已经到了幕末，百事恶弊充斥，特别是公事诉讼，时而被贿赂苟且左右。但中斋威武不屈，不避权势，自信所行，秋毫不假借，深矫贿赂之弊端。

去除妖教

他首先快刀斩乱麻，利锋断盘根，奸猾的同僚为之胆寒。此时有一个叫益田贡的，主唱妖教，迷愚民众而谋利。妖巫益田贡，是肥前国②唐津之浪人，水野军记之弟子。拜天帝之画像，唱神文，裂指出血以至沥洒画像，由陀罗尼加持祈祷，集敛金银，以至法术、妖术之印文，受种种秘法，被称为京都八阪的阴阳师。也即所谓"基督教徒"。中斋一举除此大害，将妖巫益田贡带回大阪二乡，处以磔刑，其门弟、信徒皆被处刑。此举，实有王阳明擒宸濠那样的气概。从此平八之名声，轰动京畿，以至市人都以"先生"称呼他。时为文政十四年（1831）四月。

---

① 山城守即山城国的长官，守在江户时期的官衔地位为从五位下。
② 肥前国即今佐贺县。

整肃官纪

文政十二年（1829）三月，他又揭发了大防西组的与力弓削田新左卫门之奸曲，终于使之剖腹自杀，从此大力整肃官吏之风纪。

惩治僧侣非行

翌年，又揭发僧侣们的违法行为而处刑之。当时僧侣非法乱行，蛊惑愚民，徇私谋利者比比皆是。中斋受命召集恶僧，一面教说佛门之戒，一面昭示国家法度，深责其罪恶，根据他们的罪科，重者流放远岛，其余的按轻重处断。一洗宗教之腐败，坠落的僧徒们也为之悔改。

天保元年（1830）七月，知遇之上官高井山城守，告老辞大阪奉行东町之职。中斋时年三十有七。迹部良弼代之为奉行，其猜忌中斋之刚直，中斋于是亦在七月辞职。其招隐诗曰：

> 昨夜间窗梦始静，
> 今朝心地似仙家。
> 谁知未乏素交者，
> 秋菊东篱洁白花。

吊访墓地

由此完全断绝仕路之念，其养子格之助嗣其职。乃得闲一游尾张，吊访祖先坟茔之地。中斋曾于天文年间，震威骏、远、参地区，即今川义元之末裔。义元曾于尾张之桶峡间之战中殒命，其后子孙们住在尾张。其归阪之后，一心一意以宣扬洗心洞之学风为己任。

交游

结交近藤守重

文政二年（1819），近藤守重由书物奉行转为大阪弓奉行，时年四十有九。守重有豪杰素质，但怀才不遇，或吟桦太之寒月，或啸择捉①之海风，有封侯之志，一朝蹉跌，复遂不申，空屈千里之骥足，踯躅于图书堆里。贡献于文学之伟功，虽不应该埋没，但却不是他的志向。中斋时二十八岁，方热衷于阳明良知之学，说太虚，致良知，以尧舜孔孟为师，以陆王程朱为友，睥睨一世，眼底无人。二者年齿相当，惺惺惜惺惺，英雄惜英雄，知守重者，唯斯人乎？两雄曾会一堂，其举止颇足以见彼此胆气，长田偶得氏如下描写当时的情况：

一夜叩其门，请面会，不久一老仆出来带路，至书院坐予设之位。不知主人去何地而迟到，久不闻其咳声。烛泪高堆，夜幕阑珊。平八郎久闻重藏特别傲慢而蔑视人，没有特别在意，但因过于远待而开始生气，自言自语地说真是一个百闻不如一见无礼貌的人。徒然回看四边，发现地板上有门百目炮，觉得应是主人爱戴而特别制作的，很美，炮身灿灿，灯火相射，还备有火药。平八郎大喜，自语说让傲慢者胆战一下，于是取枪炮，装火药，打开火盖放炮，轰然如百雷坠下，屋壁震动，硝烟充满室内，重藏静悄悄地打开纸门，左手提烟草盆，右手把烟管，悠悠坐下曰："一发之手感如何？"二者相见礼毕，直接把酒言欢。

---

① 桦太即库页岛，择捉是千岛群岛中最大的火山岛。

之后重藏又拿出一口锅，放在平八郎座侧，说请赏味。他打开盖子一看，一个鳖鱼在锅底蠢蠢欲动。平八郎无丝毫惊色，呵呵大笑，说好下酒物，不客气了。拔出小刀，宰断其首，啜血痛饮之，重藏也服其胆略，由此相互往来，交情极其亲密。

结交赖山阳

文政八年（1825）八月，赖山阳①来游大阪。赖山阳资质豪迈跌宕，当时隐居在京都鸭涯山紫水明处。不事王侯，不媚权贵，才学压宇内，史眼照古今，名声籍甚，一代翘楚争相定交。中斋窃慕其风，山阳亦久闻中斋之名。有一日山阳来拜访中斋，一见如故，意气投合，相见恨晚。乃唤酒杯，不觉快谈壮语膝之前。中斋时拿出《阳明全集》，说良知，谈太虚。山阳爱其说，乃借《全集》而去。读毕，赋七绝诗一首还之。

山阳之诗若干

诗曰：

读《王文成公集》

为儒为佛姑休论，吾喜文章多古声。

北地粗豪历城险，尽输讲学老阳明。

（北地是明代李梦阳之号，历城是明代李攀龙之号）

由此交游颇为亲密，山阳游大阪的话，首先以访中斋为常。中斋曾悬赵子壁《庐雁图》于壁间，山阳见之朵颐久之。中斋知其心，断然割爱赠

---

① 赖山阳（1781—1832），名襄，字子成，号山阳，生于日本大阪，江户时代后期的历史学家、思想家、汉诗人、艺术家。著有《日本外史》《日本政记》，给予幕末尊王攘夷志士很大影响。

之。山阳大喜，乃赋长句一篇谢之。其后，文政十年（1827）丁亥之秋，山阳适西备，得茶山翁之遗物竹杖而归，航至尼崎而遗失之。为此中斋遣数人急忙搜索，数旬而获，派人送到山阳那里。山阳深喜其厚谊，又以七言古体一首谢之。

又山阳著《日本外史》时，曾来借中斋所藏胡致堂先生《读史管见》。中斋虽从不轻易将藏书借之，但称山阳之著极有益之世教，直接遣门人与之。读毕，又以七言古体一首谢之：

　　大盐君，子起，假所藏致堂管见。门人白井尚贤斋来。赋此为谢。
　一读当掷付尚贤也。

　　　借书一痴假一痴，吝啬自古总如斯。

　　　谁人能如君忱诺，专价来送不愆期。

　　　况吾所借君所读，如辍大嚼分羊肉。

　　　粘纸如蝟朱如星，岂此牙签手不触。

　　　起课当刻夜漏深，半帙兴亡阅古今。

　　　逢朱逢纸辄拍案，一灯分照两人心。

后来《日本外史》脱稿，中斋求一读。山阳乃抄写一部寄来。中斋报之以日山所造之名刀，山阳又赋七言古诗谢之：

　　大盐君，子起，索吾旧著外史。答以其佩刀。刀名工所造。陋择
　不足以当之。惭悚之余，赋此奉谢。

　　　吾书三千余万字，博得君家两尺铁。

　　　廉明所佩可辟妖，服之护身长不失。

　　　君刀疑经斩奸邪，鱼肠纹杂血痕轧。

吾书字字颇类此，此是千古英雄血。

血有新陈用意同，素心相照两如雪。

如新发硎付吾藏，及未覆瓿债君阅。

吾观吾心佩吾心，百岁不蛊又不折。

　　山阳曾来访，碰巧中斋将上官署。山阳独自进入书斋，赋古诗一首，将之粘于壁上而去。此一篇亦可代为中斋小传：

　　访大盐君。谢客而上衙。作此赠之。

　　　上衙治盗贼，归家督生徒。

　　　狞卒候门取裁决，左塾犹闻喧咿唔。

　　　家中不纳鬻狱钱，唯有粼粼万卷书。

　　　自恨不暇仔细读，五更已起理案牍。

　　　知君学推王文成，方寸良知自昭灵。

　　　八面应鼓有余勇，号君当呼小阳明。

　　　吾来侵晨及未出，交谈未半戒鞭袜。

　　　留我浼抽满架帙，坐闻禅声在檐樾。

　　　巧劳拙逸不足异，但恐馨折伤利器。

　　　祈君善刀时藏之，留诗在壁君且视。

中斋和山阳之交情

　　二人之交情，不输管鲍。山阳且赞且戒。所赞之处在于精勤修养，所戒之处在于太急过锐。世间知山阳之资质性格者极多，知中斋之真价者极少。唯彼等推管鲍之交情，则得去误解中斋之失。

送序

天保元年（1830）庚寅七日，中斋引退后游尾张，访祖先坟墓之地。山阳作序送之。下面为序的后半，示其间之消息：

> 子起作曰："君退吾焉敢独进。"遂决意，力请退，得允，闻者莫不惊愕。有野人赖襄，独曰："子起固当然，非然不足以为子起，吾知彼其心壮而身羸，才通而志价，非喜功名富贵者，所喜在处间读书，吾尝戒其过用精明锐进易折，子起深纳之矣，而不得已而起，为国家奋不顾身而已，不然安能方壮强之年，众望翕属时，夺去权势，毫无顾恋哉。唯然，故当其任用，呵斥请托鞭挞苞苴，凛然使望之者如寒冰烈日，以得成此效尔，故观子起，不于其敏而于其廉，不于其精勤而于其勇退。"听者以为然。子起家系出尾张同族在焉，今将往省之，身名两全，报国报家，拜其先坟可有以告钦，时方秋矣，欲路龙田过中瀑还讨高雄枏尾诸胜胜，如脱鞲之鹰，卸辔之马，余其俊气健力，自击于空，骋于野，快如何耶。襄故言此奖之，且予嘱其勿再就就也。文政十三，岁在庚寅秋九月。

异类知音

天保三年（1832）壬辰之岁四月，山阳过洗心洞，置酒高谈，肝胆相照。主客知遇并非一朝所致，问其学，则自有不相容处。中斋以太虚、知行合一、致良知为目标，山阳则以历史、文章、诗歌自任。由此观之，其相知必有他因存在。然山阳每听中斋之说，皆云善，认为其见识和自己有相合之处。中斋曾著《古本大学刮目》。此日山阳读其稿本，深赞之，约定由自己来作序文。中斋又出未刻之《洗心洞札记》若干条示之，山阳读后觉得深得圣学之奥而佩服之。尚未至半，已至日暮。于是告知待其上梓后再加以评论，然后分手。翌年五月，山阳咯血病革。中斋闻之，直接上洛，到其家。到之日，山阳已经易箦。中斋哀悼痛哭归家。

呜呼，山阳知中斋，中斋知山阳，共是一代之俊杰，被看作是儒林狂逸者，交情日密，送迎也愈来愈繁之时，一朝溘焉永相决。《札记》之评论，《刮目》之序文，空留下一片之诺，只增追暮之情而已。

山阳和中斋，应如冰炭，而有管鲍之情。世人怪之，本为其所。中斋亦曾自谓：

> 夫山阳之善属诗文洞通史事，诗客文人之所知。而我则尝为吏参与讼狱，且讲阳明子致良知之学者也。以世情视之，则如不与山阳相容然。然往来不断，送应不绝，何也？余善山阳者，不在其学，而窃取其有胆而识矣。山阳有何所观以善我乎？吾初不识也。

盖二人相得，在于气概和胆识。威武亦不屈，不媚权贵，勇往直前，唯任其之所信，浩浩焉心涵百世之表，则皆相同之处。唯其存相契之处，是世人怪其交，自己亦怪之处。

第二年四月，《洗心洞札记》刻成。此时山阳之子余一，由江户学艺归省途中，访中斋，以谋先考山阳之碑面谥号字体大小。中斋送其《札记》一部，且曰：

> 吾心以为犹赠山阳也。然山阳而有灵，必含不尽两卷之憾于地下也欤。而今由其赠序之文以观之，则知我者，莫山阳若也。知我者，即知我心学者也。虽知我心学，则未尽《札记》之两卷，而犹如尽之也。

知吾者莫若山阳，固为当然。而知山阳者，亦不若中斋。知己难获，山阳去后复无山阳。山阳曾暗忧中斋之大急过锐，果然中斋为之而轻举，误事也。天若假山阳六年时间，定能辅佐中斋，讲救民之良策。嗟！

诣藤树之墓

中斋之此行，颇得致良知、存诚敬之实功，固非寻常之游记。我们非爱其文，喜其裨益心术涵养甚多。下面抄录中斋最为精密叙其状况之语，示其梗概。

壬辰之夏六月，予以闲逸无事，发浪华至伏水，而之江州，泛湖以访中江藤树先生遗址于小川村焉。小川在西江比良岳北，先生乃我邦姚江开宗也，谒其墓，想象其容仪道德，泪坠沽臆。其书院虽存，而今无讲先生之学者，其门人之苗裔业医者，乃监守之，如守然，予于是赋诗曰：

院畔古藤花尽时，泛湖来拜昔贤碑。

余风有似比良雪，流泪无人致此知。

归时于大沟港口复买舟。予与所从之门生及家僮四人耳，更无同舟人。再泛湖南向坂本，将还吾乡。而自大沟至坂本，水程凡可八里，此即我邦里数，而非异朝之里数也。当异朝之里数，则六十八九里矣。解缆结，既未申际，而日晴浪静，柔风只飒飒而已。至小松近傍，北风勃起，围湖四山各飞声，而狂乱澜逆浪，或百千怒马冲阵，或如数仞雪山崩前。他舟船皆既逃而无一有，其张帆至低三尺强，而乘其怒马，踏其雪山，以直前勇往，如箭驰者，只是吾一舟而已矣。忽到鳄津，闻鳄津虽平日无风时，回渊蓝染，而盘涡谷转，巨口大鳞之所游泳出没，乃湖中至险也，而况风波震激时乎。推篷见水面，则为所谓地裂天开之势，奇哉。飓风忽南北两面吹而轧，故帆腹表里饿饱不定。是以舟进而又退，退而又进，右倾则左昂，左倾则右昂，如踊如舞，飞沫峻溅入篷侵床，实至危之秋也。舟子呼曰："他舟皆知几，故避之，如某独误不能前知焉，而乃至此，吁命也哉，虽然，无面目对客耳。"吾察其言意似不免共葬鱼腹之患，因却慰喻舟子曰："尔误至此命也，则吾辈至此亦命矣，俱无如之何，只任天而已，何足患哉。"门生家僮，既如醉恶酒，头痛眼眩，其心如虑覆溺者。虽予实以为死矣，故不得不起忧悔危惧之念。是时忽忆于藤树书院所作"无人致此知"之句，心口相语曰，此即责其不致良知之人也，而我则起忧悔危惧之念。若不自责之，则待躬薄，而责人却厚矣，非恕也。平生所学将何在，直呼起良知，则伊川先生存诚敬之言，亦一时并起来。因坚坐其飘动中，乃如对伊川阳明二先生，主一无适，忘我之为我，何况狂澜逆浪，不敢挂于心。故忧悔危惧之念，如汤之赴雪，立消灭无痕自此凝然不动，而飓风亦自止，柔风依然送舟，终著坂本西岸，此岂非天乎？时夜既二更矣，门生家僮皆为回生之思，以互贺无恙，遂宿坂本。明早天晴，登天台山，尽四明之最高，而俯视东北，则乃湖也。畴昔所经历之至险皆入眼中，风浪静而远迩朗，实一大园镜也。渔舟点点如鳮子，帆樯数千，东去西来，易乎平地，似无可危惧者焉。于是门生谓余曰："昨忧悔危惧抑梦乎，亦天谴吾师乎？"余曰："否非梦而真境也，非天谴而金玉我也。何者非逢其变，则焉窥得真良知真诚敬哉？又焉得真对伊川阳明两先生哉？故曰：真境而非梦也，金玉我而非天谴也。然则福而非祸也，贤辈亦母徒追思忧悔危惧之事而可也，无益于身心也。且贤辈盍复视夫城邑乎？其亦在杖履底，如蜂窝蚁垤者，富贵贫贱所同栖也。故我则却得小鲁之兴，心广而身裕，眼豁而脚轻，贤辈亦宜共同是应味焉。于是又赋诗。诗曰：

> 四明不独尽湖东，西眺洛城眼界空。
> 人家十万尘喧绝，只听一禽歌冷风。

胸中益洒洒然，觉无一点渣滓。因谓：吾辈才即其境，呼起良知，存诚敬，犹且忘了至险。而登岳虽再顾万死处，不心寒股栗，而湛悠悠，却心得圣人同焉之兴，而况如伊川先生，通昼夜，彻语默，存诚敬，则其谓虽尧舜之事，只是如太虚中一点浮云过日，实见而非论，断可知矣。因適记先生州之水厄，遂又及余湖上之事，此非比焉而侉言也。只欲俾人知致良知，即是为诚敬，存诚敬则良知照照然如日月，初无二致也。

刻成《洗心洞札记》

天保四年（1833）癸巳之岁四月，《洗心洞札记》刻成，中斋以之赠四方名家，特别寄赠喜姚江学者以求评论之。举其显著者，有冈藩臣角田简、津藩侍读斋藤谦、柳川藩儒官牧园猪、御室宫家士杉本祐宪、岛原藩儒臣川北重熹、筑前的大友叁、安艺的吉村晋、幕府骑吏浅井中伦、彦藩太夫宇津木泰交、林氏之塾长佐藤坦等。佐藤坦即佐藤一斋，为当时硕学而名重一世，圣堂之祭酒，儒林之泰斗，学德年齿并高，已久惹世之耳目，为阳讲朱子、阴景仰王子者。一斋读《洗心洞札记》之后，于七月朔日致答谢之书。其文曰：

拜启，致以秋日的问候。

前日，收到托间生（五郎兵卫）君带来的大著《洗心洞札记》二册，多谢。本想用汉文回信，因杂事太多，年事已高，精力不足，只得用和文回复，请予宽恕。

久闻大名，难得一见，没想到得到贵函，读贵履历与志向，如云天开，甚为欣喜。

前些日子读间生君带来大作的一些抄句，现又承蒙赠送新版全书，仔细阅读之，文章每条颇得真道，使人感激、奋起、欣耀，乃我等所不能及。特别是"太虚"之说为独学见解，十分钦佩。

吾很早以前对"灵光之体即太虚"亦颇有心得。但觉得如认到太虚的话，"其意必固我私"，"不免认贼为子"。此既然是努力学习得出的结论，也可说是汝学问的要点。希望在此进一步专研，多下功夫。

至于说吾亦喜姚江之学，则不然，实在惭愧。吾曾读姚江之书，但只作为自戒之物，授业时皆修宋学。特别是其对林家学问为一种妨碍，也会被周围的怀疑，所以吾不会推崇和林家学说不同的学问。在江户给各位大名有司授业时，没有什么特殊之处，唯努力于实践和明智方面，以纠正君心之非，有利于治理政务，为天下国家做出贡献。

总之，人不应该责备学问的实体，而应该责备名声。要尽量减少名声之害，去掉主张之念而求得公平之心。如此这般教化才会普及。学问缺乏真实则无用，在增加自家学问实际内容之处多下功夫，保持真心，此乃我经常叹息之处。

我的意见大致如上，还望多加指正。

另外，《礼记》中有很多前人未发之处，实乃"尧舜之上善无尽"。你现在正值壮年，今后大有长进之处，希望更加致力于研究学问。

吾定会将大著转交上面，但现还在书桌，见机行事。虽未用汉文回函，但此处有杂文三篇，塾生们亦看过，请指出其不足之处。

今后也请多加指教，保持联系。

七月朔封书

佐藤舍藏（坦）

大盐平八郎　收

我认为，当时一斋的言动为世人所瞩目，这封书函直接评价了中斋本人及著《札记》的价值。书中或扬或抑，有奖励有训诫，似推服，而自占地步，称有独特见解，而斥一家言之主张，谆谆说教，使人信服。宛如老将之用兵。老道手腕，令人惊叹。

登富岳

中斋刻成《洗心洞札记》之后，一本献给了伊势的神库，一本埋在了富士山顶，以承袭龙门司马迁之故事。可说中斋一生的心血，多半都在此书中，质之天地神明，传之于不朽。此行，颇有归得太虚实功之感。

归太虚的工夫

登富士山二首
大盐中斋

一

口吐太虚容世界，太虚入口又成心。

心与太虚本一物，人能存道只今乎？

二

千年雪映千年月，况复红轮未晓升。

下界只今犹梦寐，枕头暗暗五更钟。

和韵数首

中斋大盐君见过访。闻其话七月十七日登富岳。

平松正悫

宵行经尽老松林，岩际登登尽峻岑。

日色才生沧海底，月轮高挂太虚心。

带将宝剑山灵泣，藏了新书石室深。

怀古长吟小天下，寥寥何叹少知音。

闻中斋大盐君登富士山，赋之以寄。

福井晋

勇退恬然早致劳，漫游山水养余豪。

芙蓉八万三千丈，争及先生气宇高。

奉次洗心洞先生赋太虚高韵。

杉本祐宪

太虚一气生躯壳，躯壳私心害个心。

躯壳太虚知本一，人心岂有古兼今。

教学＝教育之主义

中斋如山阳那样，上衙治盗贼，归家督生徒，从一开始便作为余姚学派之继绍者，开洗心洞，利用吏务余暇，讲文武之道，熏陶子弟。至文政八年（1825）乙酉之岁正月，作洗心洞学堂的揭示。

效法王阳明

学堂西揭

入吾门学道，以忠信不欺为主本。乃记阳明先生示龙场诸生语。以揭示。宜服膺。

立志　勤学　改过　责善

于时文政八年（1825）乙酉正月十四日

效法吕新吾

学堂东揭

入吾门欲为人，则要道问学以尊德性。志新吾先生之语后学者，以揭示宜诚察焉。

尧舜事功，孔孟学术。此八字是君子终身急务。或问尧舜事功，孔孟学术，何处下手？曰：以天地万物为一体。此是孔孟学术，使天下万物各得其所。此是尧舜事功，总来是一个。

念头脱尽气习二字是英雄。（下略）

于时文政八年（1825）乙酉正月十有四日

东西之揭示，是中斋的教育主义，为洗心洞学风之根干。济济多土，将由此门辈出。

祭王阳明文

文政十一年（1828）戊子之岁十一月，于洗心洞之学堂祭祀王阳明。其文之要曰：

维大日本文政十一岁，次戊子，十一月二十有九日，浪花市吏大盐后素，谨以清酌庶羞之奠，昭祭于新建侯阳明王先生之灵。呜呼，先生豪杰而圣贤，武略而文章，征诛寇贼，开导众生。当代之孔孟，后世之伊姜。（中略）予生异域，数百岁后，难讨要领，默默株守，不能出头，庶乎猿犹。梦寤之间，有人相授，所授果何，听诚意讲，偶购全书，读一二句，忽知心非，又识学谬，专诚研磨。心肺之疚，再三欲死，药救不奏，祖母病卒，外祖终寿，悲哀刺骨，病势益重，何幸反苏。不知谁救，在天之灵，不然天佑，断然立志，不敢事口，躬行实践，宗脉无负。愿先生助予，不使此心朽，杀身为仁，固予所懋。清明如在，灵鉴何谷？呜呼，格思享予之祭祝。

仰德业，赞遗泽，缕缕三百三十五字。中斋初触良知之灵机，又陈所愿曰：愿助先生此心不朽。杀身成仁，固予所懋。在天之王阳明，必纳斯祝言也。中斋业已有此确乎不拔之志气。所以他才会在日后于饥馑之时，实践杀身成仁之言。其后文政十三年（1830），即天保元年庚寅之岁，决然勇退之后，作为纯然洗心洞之严师，竭心力开导诱掖。远近请教者千有余人。中斋自述其志望曰："吾既辞职，而不甘隐脱险就安，而适宜高卧，舍劳苦，以乐自性。然夙兴夜寐，专研经籍，授生徒者为何焉？此不是好事，也不是为了糊口，不是为了诗文，也不是为了博学。也不欲求扩大名声，不欲再用于世，学而不厌，诲人不倦而已。世人勿怪，又勿罪哉！呜呼，心归太虚之愿，则有谁知，只我独知而已。"

学说＝第一纲领＝太虚说

我们读中斋子的书，不读则已，读则必首先审明其太虚主义。太虚主义是中斋哲学之根本。中斋之书虽数千万字，唯一太虚主义而蔽之。书中纵横之处，无非是太虚主义之敷衍而已，犹如孔子之说仁，孟子之说仁义，子思子之说诚，老子之说虚无。中斋以太虚为唯一之理想，终生为接近此理想而努力。中斋毕生志愿，唯努力归此太虚而已。故曰：呜呼，心归乎太虚之愿则谁知之乎？我独自知耳。中斋子满腔精神，向之发挥，毕生心血，向之注射。而其书中说太虚处，精密周到，圆融无疑，更无余蕴，以此应知其造诣之深远。

我们现在论述太虚说，首先论述太虚之体，其次论述其用，最后论述归太虚之工夫。

第一　太虚之体

中斋以虚这样一条金管，沟通网罗大至宇宙太虚，小到原子空隙。换言之，太虚不是有形或无形的空虚，不问主观的和客观的，包括自然人为，无疑都与之相融通。最初以天和云之语言苍苍太虚，融通石间虚、竹中虚和谷神即人心。其言曰：

> 天不特在上苍苍太虚已也。虽石间虚、竹中虚，亦天也。况老子所云谷神乎？谷神者，人心也。故人心之妙与天同，圣人可验矣。常人则失虚，焉足语之哉。

没有空言

中斋努力避免空语，必求其验符。故每语之终，必以其实用。虽已天人共太虚，但因为私欲失去心虚者，不得共语其妙，故只说验之以圣人。又曰："身外之虚者，即吾心之本体也。"其语极大，故很难理解。说所谓其大，云天下无所不载之也。然追其序而语之的话，其义很容易理解。故曰：

方寸之虚与口耳之虚本通一。而口耳之虚，即亦太虚通一，而无际焉。包括四海，含含宇宙不可捉捕者也。

如此之说来，天下无能载之大，了了然得到理解，不觉手舞足蹈起来。

如上融通普遍，方寸之虚虽应直接包含宇宙，但若其间有一片障碍的话，便忽见一大变动。其变动，直接关系生死，可说心之虚盈即生死，其虚实为生命之妙机。故曰：

方寸之虚与太虚不可不刻而通也。如隔而不通焉，则非生人也。何者？今以物塞乎口中，即方寸之虚，闭而呼吸绝矣，忽为死人。故方寸之虚，不可不刻通于太虚也。是无他，以太虚即心之本体也。

说得明确无疑也。然而他恐世人误解此妙理，故从各方面说太虚之妙，即由理气合一言太虚。人若了解理气合一的话，太虚则只能被理解为理气，自得悟入之。若离理气而言太虚，则成荒唐无稽之太虚，不是我所谓圣人之道。他说：

了理气合一，则太虚亦唯理气焉耳。如离理气，而言太虚者，非"四书""五经"圣人之道也。

因为在此点容易陷入释老，特以理气说之，可谓言尽。今以藤树之解说而说之，则方为理，象寂然不动；圆为气，象流行活动。此理气即为太虚。释老之太虚，寂然不动而已，所谓槁木死灰之类。流行活动，生生不息之妙机，在这一点上区别我道与释老之不同，至为紧要。

心为心脏

中斋云心，云方寸之心，又说太虚之事甚多。而以此等之虚为相互联络之物。那么中斋所谓心，指的何物，方寸之心，又该如何考究呢？这一点至关紧要。夫中斋云心，指的是五脏中之心脏。心脏即心，此外别无心。而五脏中，心脏之大仅有方一寸。于是他说：

> 心即五脏之心，而不别有心者也。其五脏之心，仅方一寸，而蕴蓄天理焉。

然则心为方寸之虚，包含天理。而中斋引唐凝庵①之说，证其说曰：

> 唐凝庵曰："性不过是此气之极有条理处。舍气之外，安得有性？心不过五脏之心。舍五脏之外，安得有心？心之妙处，在方寸之虚，则性之所宅也。"

由此观之，以心脏为仁义礼智之出处，一切之德义，悉由此出之说，虽为中斋之创见，而暗合之说，以前就存在过。故云"为吾说不与之期而同符"。

从前说心为何物的问题是很难的，即使是在今日，也说不明白。而指心脏为心之说，早已没有势力。然而其心脏即为心之说，究竟是怎么回事，中斋解之为虚灵，为没有善恶之虚空，则可说为神明之用。所以又说：

> 心体虚灵而已矣。恶故无，虽善不可有。如先有善而塞焉，则神

---

① 即唐鹤征（1538—1619），字元卿，号凝庵。明代武进（今江苏常州）人。学问为阳明后学的南中王门。著作有《周易象义》《周易合义》《皇明辅世编》《宪世编》等。以下引文见《明儒学案》卷二十六"南中王门学案二太常唐凝庵先生鹤征"条。

明终不能为用也。

说心体

究其意，说虚灵为神明之用的话，即朱子所谓"心者人之神明，所以具众理而应万事者也"，又和"心者虚灵不昧"没有什么不同。而说心无善恶的话，则和阳明子所谓"无善无恶心之体"相同。而其无善无恶之心，即为太虚的话，则君子务必致知格物以归其体。已归太虚之体的话，万事万物皆涵容其中，从日用之应酬，到以天地位，万物育之最大功德，皆由此出。说心，盖所谓尽矣。

心身关系

中斋又论述心身关系而证太虚，曰：

> 自形而言则。身里心，心在身内焉。自道而观，则心里身，身在心内焉。其谓心在身内焉。一遗操存之功，则物累我，其觉身在心内者，常得超脱之妙。而我役物。

若如常人那样拘泥，云心在身内时，一生也不能了解卑近义理。然而一旦晓悟心在身内的话，则直接可以理解万物之理。因为心外之虚皆在吾心，为万物之往来起伏之地。换言之，唯得达观此心之理，则通晓万物之理。他说：

> 拘而谓心在身内者，十目十指之义，一生不能了之。悟而识身在心内者，意欲机动时，非特十目十指焉。盖以为天下所视指何者？以身外之虚皆吾心，而万物往来起伏之地故也。

心已为万物往来起伏之地，而云虚，则离理气而非空虚。知其并非空虚，则在去人欲、复天理之后。故常人很难知道这个道理。

理气之妙用

他说：

> 太虚非空，即春秋冬之气，元亨利贞之理，遍布充满焉。

已有其理有其气，发之而显于物的话，则愚夫愚妇亦能视之识之。然而其气和理未著物之时，大人君子也眼不得视之，只默识心通而已。而默识心通理气，固非愚夫愚妇之企及之处，这是因为不知太虚之妙从易而来。

于是他更进一步曰：

> 春夏秋冬，自太虚来，以终始万物，而循环不息，毫无迹也。仁义礼智与此一般。故心虚则谓之天非大言也。

太虚之非空

他如此说太虚之体，明确太虚绝不是空。他更以例证太虚曰："圣人即有言之太虚，太虚即不言之圣人。"闻此言谁不首肯太虚之非空？为了示明圣人和太虚为同一体，他举出孔圣和颜亚圣作为例解，曰：

> 颜子屡空，心屡归乎太虚，而犹有一息。圣人则彻始彻终一太虚而已矣。

圣人之心量

扫荡所有私欲杂念，心常有太虚，使万物有往来起伏之地的话，则可为有言之太虚。而孔子虽实为其人，颜子未存毫发之私欲，故得云之为太虚。说去说来，明白痛切，亦不可疑。圣人即为不言之太虚，太虚容世界，世界容太虚，万物在此间千变万化，未曾能障碍太虚。圣人之心量，无一毫之累，亦可见于此。而中斋以此有言之太虚，为毕生之志愿。

第二　太虚之用

二种虚

中斋说太虚之体非常周到，其用颇为精致。他将虚的种类分之为自然的和人为的两种。曰：

> 虚亦有人为之虚与天成之虚之别。人为之虚者即宫室空豁之类也。天成之虚者即人物心口之类也。人为之虚乃不灵，而天成之虚皆含其灵，而人受之以最秀者也。

是为二种之虚。而只有在无私欲时，才为天成之虚之神灵。若有一点之私欲，怎能填充秀灵天成之虚呢？其灵会忽然消失。若能除却私欲，则"存其虚，其灵如神，而人为之虚也无原来心的话，依然容物，无有始终。故知虚之功效之大，况太虚之用乎"。

五常和太虚之用

他更进一步说太虚之用，曰：

> 仁也者即太虚之生。义也者即太虚之成。礼也者即太虚之通。智也者即太虚之用。信也者即太虚之一。是即太虚之德用也。

而此五常虽是各人先天具备的，而不依靠修道来发达的话，便如昏暗之长夜，虽有而犹如无。唯学而率由其德，以行之时，则可谓活着之人。从各个方面，可以看到中斋提倡万人同性论。而或为圣，或为贤，或为小人，或为愚不肖，别无他，唯根据去私欲、归太虚之功之多少而定。

人和器之差

中斋再说太虚之用，认为是否归太虚，产生出人和器物之差。其言曰："心归乎太虚，然后实理始存焉。不归乎太虚，则实理埋没，与物不异。"此所谓实理，即为元亨利贞。实理已埋没了，人也不成为人，其灵何在？实为耻之至也。

有形物之虚

他更详论曰：

> 太虚即实理实气，充塞布满。而有形之类，虽不虚乎中者，亦皆有至虚之存焉。见草木可知。

如有形之类，虽一见充实无虚，其实有至虚之存，故云见理气满布。今云至虚，指物质分子间之空隙。其质不管如何坚实，都为至虚之存，既虚则必使理气无存。他既分人为的和自然的区别，此又言有形的和无形的空虚之别。然而他有时也举区别而说之，其意是唯共通之虚，只言理气之存而已。故没有区别之意，以资混同融通两者之虚。

博物学之功

如他说"见草木可知"那样，可知博物学亦有补益于斯学。而他以知唯心为先，再以动植物之学，劳而无功，可谓误也。

中斋说太虚，不陷佛老之弊，必确实明白示人，可说深得阳明子之旨。若说虚离理气，则全都是佛老之亚流。故特言理气，论及日用活动之应酬。在此首先于世适用太虚之用。他更明确太虚之妙用，曰：

> 水孰令流之哉？石孰令坚之哉？山孰令峙之哉？海孰令潮之哉？云雨孰令翕张之哉？日月孰令往来之哉？视之不见，听而不闻，一言以蔽之，太虚之德。善孰令生息之哉？恶孰令消灭之哉？忠孰令劝之哉？邪孰令惩之哉？父子孰令亲爱之哉？上下孰令泰和之哉？此亦太虚之德之所致耶。嗟夫，吾不知其何如也。

已归太虚的话，凡百事百物皆于吾心中往来起伏，故宇宙万象，天下百事，皆为我分内之事，道和学遂至无际涯。

人我一贯

中斋进一步详密地揭示了归太虚而后德，曰：

> 夫人之嘉言善行，即吾心中之善。而人之丑言恶行，亦吾心中之恶也。是故圣人不能外视之也。齐家治国平天下，无一不存心中之善，无一不去心中之恶。道与学无涯际可见矣。

而他所谓罹恶人之刑，刑圣人之心，去吾心之恶，不可不悲。遇善人之赏，亦为赏圣人之心。存吾心之善道也，不可不喜。若无娟疾人之善、欢喜人之恶者，是以吾心为吾物之小人，非圣人太虚之心。说太虚之用，迂余曲折，远而无不及，近而无不遗。中斋以太虚之德为无际限之物，如水流石坚、山峙海潮、善息恶消、忠劝邪惩等。大到宇宙创造之大源，小至天象地文伦纲常，悉归太虚之德。他的观念唯太虚而已，宇宙之间，虽微尘毫发，以太虚而无不观察之。

第三　归太虚之工夫

中斋以太虚为理想，以到达此理想为最大之目的，凝其工夫，也不寻常。以他的言行来证之，则为：

> 晓行忽值雨而无蓑笠，头项迄手脚尽沾，是时心为之动，即方寸之虚。亦复沾也。不动则太虚之不沾乃一般，因此又悟入水不濡之理。

工夫之状况

他又说"晓行闻寺钟，又闻村鸡"，如此悟太虚，归之于下工夫，堪称注意之周到。中斋如此这般时时刻刻，造次颠沛不废归太虚之工夫。中斋之登富士山之诗曰：

> 口吐太虚容世界，太虚入口又成心。
> 心与太虚本一物，人能存道只今乎？

视、听、言、动、思，都不忘太虚。

戒弊端

然人或在工夫的顺序上犯错误，他于是诚戒曰：

> 非积阳明先生所训致良知之实功，则不可致于横渠先生所谓太虚之地位。故欲心归乎太虚者，宜致良知矣。不致良知而语太虚者，必陷于释老之学。可不恐哉。

归太虚，首先应积致良知之功，修心学，不然动辄恐有陷空禅虚老之弊，戒之极切。

中斋专归太虚，后言应行仁义，或有未归太虚者可行仁义之疑。故曰：

> 未归乎太虚者，不自欺，自谦。诚意之工夫，彻动彻静，彻昼彻夜，终始一焉。便是为仁义者之道，而归乎太虚之窍也。

为仁义之道，即知归太虚之路径，虽未归太虚，岂能忽视仁义。而他辨别圣贤之时中和世俗之巧伪，以示太虚之工夫，曰：

> 心之太虚既复，而随时变易，则圣贤之时中也。心之太极未复而变易，则世俗之巧伪也，而其始甚微，其终大违。故云，君子慎始，差若毫厘，缪以千里，是故未复太虚太极之体者，一守经而已矣。

守经修道，渐归太虚。是亦去杂念，有归静也。

去欲与少欲

他专以去人欲为归太虚之工夫，故曰："心归乎太虚非他去，去人欲，存天理，乃太虚也。"去人欲之一条和释老非常类似。而存天理之一条，与释老大为相异，所以最值得注意。孔孟之书，绝不语去欲，只说少欲或寡欲，或云减欲，和释老有判然之别。中斋云可去人欲，直接与释老有所不同，然其语既有病，故不得不厌其烦而辨别之。然而又曰："人心归乎太虚，亦自慎独克己而入焉。如不自慎独克己，而入则禅学虚妄。"凡圣贤愚不肖之分歧之处，在于去人欲、存天理的程度如何。至其完全的话，即所谓有言之太虚，可云到达不言之圣人之域。

第四　评太虚说

我们在上述三段，简单地论述了中斋的太虚说。在此不得不稍许批评一下他的太虚主义。然太虚说实为中斋哲学之神髓，批评之则等于批评中斋学的整个系统。孔子作《春秋》，曾曰："知我者，其惟《春秋》乎！罪我者，其惟《春秋》乎！"中斋亦知罪，才发此太虚说。

"归太虚"三字，实为杀人之寸铁。中斋作为唯一主义提出"太虚"二字，作为毕生事业，以之总括宇宙万物，他虽以太虚为理想，但不是消极性的，不是退步性的，不是破坏性的，不是空空寂寂的。他讲积极性的、进取性的、构成性的、生生不息的太虚。

大同小异

唯中斋说太虚为一金管，通过它能到达圣人之域而已。其和孔子说仁，以到达其所理想的尧、舜、禹、汤、文、武、周公之治，没有不同之处。其和孟子说仁义，子思子说诚，都以达圣域为共同目的。和佛家之谓五蕴皆空，去破坏性地观察五蕴，则我体即空，世界即空，则完全相反。又和色即是空、空即是色，或有即空、空即有、空为平等，是完全相反的。中斋说虚，最为现实，最为卑近，最为密切，有言之太虚，无外乎圣人。说虚不是使观空，而是现实存在之虚，融通无碍，以示同天之太虚，以去区区之人欲，以大我为我，意必固除我，只为时中性变易而已。若误解这个虚字，以为是空空寂寂的话，实为中斋之罪人，应该加以警戒。察中斋之意，只怜悯世之陷入物欲者而使之回归自然之心灵。和老子说虚无、佛氏说寂灭完全相反之处，在于以流行活动日用应酬为先。

中斋之太虚为宇宙之本体，而宇宙为太虚，我为小虚。我即宇宙，宇宙即我。故太虚是我灵心之本体，我和宇宙共为太虚。换言之，我和非我共为虚。陆象山所说"宇宙内事乃是己分内事，己分内事乃宇宙分内事"，陈眉公①所说"以太虚为体，以利济为用，斯人也天乎"，皆与中斋之我即非我观相同。然反觉它们不及中斋之说之明确。

发展

中斋比阳明子认为的太虚即良知、良知即太虚更进一步。太虚是虚，太虚即良知，故推断良知是虚。而中斋说虚，涉及一切现象，世间虚，竹中虚，还有草木中的至虚，即分子间的空虚，也是有形的之虚，太虚之虚，灵心之虚，也是通无形的之虚，以一之虚，作为最终概括和判断。他说"自口耳之虚至五脏方寸之虚，皆是太虚之虚也"，难道不完全是客观之空虚吗？而他所说"心归乎太虚非他，去人欲存天理乃太虚也"，是为主观的空虚，空间的关系，唯心之欲念尽去，鉴空衡平清静，犹如无波浪清水之面。而中斋不只欲区别此二者，主要还将之联合通融之。方寸之虚即心之虚，通口耳之灵，口耳之虚也通太虚。就这样，中斋关于唯空，说其融通无疑，只使欲到达有言太虚之理想。关于有，则破坏性地观空之，绝不和诸行无常、诸法无我同观。此旨趣最为微妙深远，切要猛醒。

第二纲领＝致良知

中斋子说良知时，特别指出了其根本主义同太虚的关系，曰：

> 非积阳明先生所训致良知之实功，则不可至于横渠先生所谓太虚之地位。故欲心归乎太虚者，宜致良知矣。

---

① 陈眉公即陈继儒（1558—1639），明代著名文学家、书画家。字仲醇，号眉公、麋公。华亭（今上海松江）人。著书有《陈眉公全集》《小窗幽记》《吴葛将军墓碑》《妮古录》等。

然而此语只不过表示了良知同太虚的关系。其详论良知同太虚之体用，和阳明子之言完全不同。他如下说道：

> 圣人只是还他良知的本色，更不著些子意，在良知之虚，便是天之太虚。良知之无，便是太虚之无形。日月风雷，山川民物，凡有貌像形色，皆在太虚无形中发用流行，未尝作得天的障碍。圣人只是顺其良知之发用。天地万物俱在我良知的发用流行中，何尝又有一物超于良知之外能作得障碍。

这里以发用和本体，阐明了太虚和良知。其初言圣人，最后又言圣人，所以中斋才这样说道。中斋说太虚和致良知的二者，没有比此语更适当的了。窥阳明子之意，以宇宙本体为太虚，以心之本体为良知。将宇宙本体太虚之发用，称为太虚无形中发用流行；将心之本体良知之发用，称为良知的发用流行。故从本体上讲太虚即良知，良知即太虚；从发用讲的话，则太虚无形中发用流行，即良知的发用流行。也可说这即是太虚无形中之发用流行。

理想之人物

中斋又曰："吾太虚之说自致良知来。"而依中斋之意，良知虽是恶人，皆有之而不损，反求之而克致之，则应为尧舜。而所谓尧舜，为理想圆满意义上的大圣人。而致良知之法，则在格物，格物之要在于慎独克己，以慎独克己格物的话，则可致良知。

中斋子反示太虚和良知的关系，曰：

> 不心归乎太虚，而谓良知者，皆情识之知，而非真良知也。真良知者非他，太虚之灵而已矣。

以此语代替前面之语的话，既不归横渠先生所谓太虚，也不能悟阳明先生所训良知。而从本体说太虚和良知的话，二者同体而已，故寻求方法之顺序，当应如此自由；归太虚之方法，除却自反慎独，格物致知之外别无其他。将人之情趣之知误解为良知的话，则会慢易良知。致良知似乎容易其实很难，似乎很难也很容易。阳明曾曰：

> 某于良知之说，从百死千难中得来，非是容易见得到此。此本是学者究竟话头，可惜此体沦埋已久，学者苦于闻见障蔽，无入头处，不得已与人一口说尽。但恐学者得之容易，只把作一种光景玩弄，孤负此知耳。

如此之说良知，应其机根，不免有深浅不同。是故中斋示其开导教诲之方法曰：

> 以灯烛喻良知似矣。而灯烛有起灭，良知无起灭也。以日月喻良知近矣，而日月有晦蚀，良知无晦蚀也。然则以何喻之？无喻者，夫良知只是太虚灵明而已矣。然而有时以灯烛喻之，亦无不可。有时以日月喻之，亦无不可。开导教诲于中人以下之方法，不可以不如此也。

而且，中斋致良知之工夫，不但不欺人，且首先勿自欺，无自欺之工夫，由屋漏而来，云恐惧和戒慎，须臾不可遗之。

顿悟

且他说顿悟，颇有类似禅学之处，曰："一旦豁然，见天理乎心，即人欲冰释冻解矣。"此语是禅学所谓直指人心，见性成佛。另又如释迦在菩提树下廓然大悟，成等正觉之感。如前所述，须在此寻找自反慎独之方法，然我们致良知的方法，绝不是空谈，而应在最卑近的日用应酬之间明言。若像达摩那样面壁修习心法的话，则是阳明学之罪人。若如此去致良知、归太虚的话，犹如狮身之虫，致使斯学陷入苦禅，是必须要引起注意的。

痛叹

中斋叹能致良知者少，曰：

> 世人以欺人和自欺以为习俗，父之养子，子之事父，君之使臣，臣之事君，亦是如此。自夫妇长幼朋友到师弟之教学，皆然也。故突然言致良知的话，则有骇走者，有恶仇者，有嘲弃者，有笑避者，有以桎梏视者，有以缧绁比之者。故良知之学亡于天下而不传，只其不传，人亦不能跻圣贤之域，而皆扰扰于梦生醉死之场，岂不悲乎？若有先觉者，冒万死不得不疾告。呜呼，谁为后世先觉者，吾还未能见其人乎？

信念

此一节可见中斋信念之坚固、抱负之远大，读之仿佛想起孟子于其七篇之卒篇，或韩子之《原道篇》陈古来之传统，自言其所任，中斋亦圣人之徒哉，孟韩之徒哉！

第三纲领＝变化气质

消极之方法

作为第二纲领，讲了致良知的方法，显示了归太虚之积极方法的话，但其间也有消极的方法。而变化气质一项，主要是得自张子，所谓气质，是遮蔽本性之处的傲慢气质，即指我而言，按照孟子的话，则云陷溺于物欲之状态。此傲慢的变化气质，若不挫我，则不得见心之本体，达至善、得中庸、窥太极。这是根本主义归太虚之方便，不在此下功夫，则不能达其蕴奥。换言之，中斋之意为除去小我，达无我之大我，无我之大我，即领悟世界乃我心内之物。至此方归太虚。此一项虽不过是一手段，在修德工夫方面，却极为紧要。故示其工夫甚为详密，今略摘如下。其曰：

> 恶紫之夺朱也，恶郑声之乱雅乐也，恶利口之覆邦家者。今有两眼而不明者，好紫甚乎朱。有两耳而不聪者，好郑厌雅。有这心而不开者，溺于利口而屏遏忠告直言。此皆以习气情欲盖良知也。盖者除则良知宛然出焉。

客气之害

而中斋引张子之言，说为学之大益，主要在于变化气质。言务以扫荡客气胜心为己任。他举实例曰：

> 吕东莱先生诵《论语》躬自厚章，忽觉平时忿愤涣然冰释。元扬武子幼读《论语》，至宰予昼寝章，慨然有立志，由是终生非疾病。未尝偃卧之类，可谓皆能变化气质。

中斋所说，并非不实用，虽往往有失于大言，总之出于日用应酬之间。他最后说："呜呼，人七尺之躯而与天地齐。乃如此。三才之称岂徒然哉！宜变化气质，以复太虚之体也。"恰如孟子说求放心。

第四纲领＝一死生

古来的死生说

一死生是人生最大难事。凡有情之动物无不好生忌死。好彼忌此，由来于不能以生死为一。死生一贯之说，始于庄周，古来学者都曾有论述。昔日禹渡黄河时，大龙之舟即将颠覆时，仰天而言"生寄也，死归也"。视现生如旅舍者自古有之。然而，死生一贯之说，在宋明时代极为兴盛，至阳明子，达到极致。我国王学者无不达此观者。藤树以一生一死为一冰一释，以水依然存在为例，曰：

湛然虚明一池水，严凛寒气坚冰至。

春来风光和煦时，湛然虚明一池水。

蕃山说："死为气形离也云云，堵塞鼻口窒息而死，为气离之故也。"而且他们如前所述，详细地论述过死生一贯。阳明学者在千军万马之间，驰骋激斗，从容不迫者居多，皆由此观而来。还有即使处于困难境地，亦从容取乐观主义，皆因不疑其死生之际。死生之际，谈笑风生，皆因贯道理肝心，不徒做客气胜心者之流所为。所谓一生死由来于大悟大彻。

英雄和生死

中斋将一生死放在其第五纲领之四，乃是不可移动之顺序。其根据积极的方法致良知，根据消极的方法变化气质，成就归太虚之功，我已使太虚合体，太虚本来不生不死，故吾亦死生一也。他说：

英杰当大事，固忘祸福生死。而事适成，则抑或祸福生死矣。至学问精熟之君子，则一也。

而"学问精熟"四字，不应轻轻带过。中斋死生一贯之观念，尽学理而了得的话，则恒久不变。他引朱子之言语曰：

朱子曰："阴阳只是一气。阳之退，便是阴之生。不是阳退了，又别有个阴生。"朱子此阴阳消息之说，从程张来，而天地一气而已矣。虽太虚而驾之以运行附与焉，即是二而一。知之则生死特其聚散进退耳。

中斋又举杨龟山之语曰：

通天下者一气耳。合而生，尽而死。凡有心知血气之类，无物不然也。知合之非来尽之非往，则其生也浮沤，其死也冰释，如昼夜之常，无足悦戚者。

又曰："大程子曰：语默犹昼夜，昼夜犹生死，生死犹古今。"中斋赞此语曰：

此皆程子尽心尽性，而所以理会生死处也。吾尝谓：未出息在内，即生也。既吹息出乎外，即死也。就身视之则生死，何杂知之有。此悟本承领程子之教诲来以得之者也。

中斋极为冷静地推论大气之聚散及生死，以生死一贯之大观念为基础而处其身。在论及此一项时，不无无限之感，若吾人彻底大悟一生死原则的话，临事不仅会泰然自若，还会绰绰有余地进行处理，真可得豪杰中之大豪杰。然而此说和苏格拉提斯讲灵魂不灭，提倡不足忧虑死的理论，相似而不同。和佛家说后生轮回，去现世生于安乐净土之说，大为不同。中斋的一生死说，根据最为正确的推理法，即使丝毫没有热血性的鼓吹作用，但是不难感到其生气凛凛、勇往直前的气象。儒教不是不说灵魂不灭，只是其语不详，唯不说后世，不说轮回。说灵魂不灭者，皆与儒教同样缺乏明确性，虽说灵魂游离，提倡不灭，没有明确指出灵魂最终会去何处。

死生说之由来

中斋提倡一生死的原理，不是由灵魂不灭而来，而是来源于归太虚之根本主义。即生为气之聚，散之则回归太虚，他由此云无生死并从侧面论之，认为虽有生灭，不过是一气之聚散，不应为之悦戚。既言生死不足为忧，又言其不足为忧不免生死之人从事的事业，是千古不灭的，故其说可以抛弃要灭之生，取不灭之德。他说：

> 无求生以仁害，夫生有灭，仁太虚之德，而万古不灭者也。舍万古不灭者，而守有灭者，惑也。故志士仁人，舍彼取此诚有理哉，非常人所知也。

一死生之观，绝不止于此，达一生死后应当于事。若不施于事，则何以证此观？故他进一步说：

> 临利害生死之境，实不起趋避之心，则未至五十，乃知天命也。而动其心以趋避者，则虽百岁老人实梦生耳。此等命之知不知固无论矣。是故人不可以不早知天命也。

杀身成仁

知天命即归太虚，一生死，不为利害祸福而动。语默动静，行往坐卧，皆裕如晏如，如文王之羑里，文天祥之土室，皆如是。其囹圄容身之虚，乃太虚之虚，无异于居宫室窗棂之内，故不觉狭窄、简陋而不惧，能为万古不灭之仁。中斋在见吉屋五郎兵卫之仓库里面，三句之间，怀太虚之灵，裕如晏如，实验了此一死生观。

第五纲领＝去虚伪

去私欲

凡虚伪由人欲而来，去人欲、存天理的话，亦无虚伪。是归太虚之消极性工夫。中斋乃曰："心归乎太虚非他，去人欲，存天理乃太虚也。"去虚伪即贯彻诚。人能去虚伪，达真实无妄的话，圣学之要，则已尽之。中斋曰："一个诚不可害，是圣学之要也。"子思子著《中庸》，说诚之一字，是即去虚伪和人欲，使存天理。若我们至无一点虚伪的话，则孟子所谓养得浩然之气，则决不馁也。孟子之不动心之工夫，唯以去虚伪为第一义。告子之类没有完全摆脱虚伪，只能以客气制其瞬间而已。中斋又曰："学问道，一诚而已矣。"心不失存诚的话，则如映百物于明镜，善恶正邪，可独自鉴别。然是非云无心无意，是灵明活动使之然也。故中斋曰：

> 夫吾儒之存诚敬者，则更无一点祸福生死之念粘着于方寸。故其方寸乃与太虚一焉。是即大无心也。而何无心及之如非诚敬而徒无心，则虽人特枯木朽株焉耳。枯木朽株，亦能入水不沉。异端之不动心，大凡此类也。以之径与存诚敬之君子，同视抗衡可耶。

这一项同前面的一生死相互作用者甚多。

存诚

"诚"字无东西古今之别，是哲学宗教最为重要之处。特别是我们儒教以理为主，从日用应酬至生死大事，如不去虚伪存诚的话，则一事无成。孟子所谓"至诚感神"，子思子所谓"诚者物之终始，不诚无物"。中斋论良知和虚伪的关系，曰："柔佞狡诈皆是贼良知之蠹也。加之以学力，则不啻贼已之良知，亦蠹了人人之良知也。"如此论之的话，去虚伪之法，在于将太虚之本体体认实现于人生实践，此可谓消极的工夫。

五纲领之关系

同格或主从

我们在前五节中，简单地论述了中斋学的五个纲领。现在想论述一下这五个纲领之间的相互关系。以上五纲领，第一纲领是中斋学的主眼，其他四纲领都是归太虚之紧要方法。所以讲五纲领时，不得把它们放在并列同等位置。第一纲领和其他四条，可以看成是主从关系。第二纲领的致良知，因为是王阳明首先倡导并作为重点的，所以中斋的致良知和归太虚之说，应在伯仲之间，所以必须放在第二的位置。然察中斋之意，归太虚是为致良知以下四纲领提供根据的。而如一死生之类，为难中之难工夫，绝不可以轻视之。变化气质，去虚伪虽不易，但应为之而渐进。在一般教理之处进行广泛说理，不是王学的特征。总之，第二纲领以下，几乎都是同等的，应有相互辅助之性质。

且值得注意的是，以上所述五个纲领，虽是理论研究方面的东西，但也直接明示了实行的方法。为了用上述五项目来建设完整的中斋学，还需要建立实行的方案。而中斋的知行合一、理气天人、天人合一、心理不二、良心论、性情论等理论和实践有所关联。其中自有倾向于理论的，也有和实践有关系的东西。

理论和实行

而前面的五个纲领，纯粹是理论性的，而不是实行性的，如强行区别的话，反而背离以知行合一为主的阳明学之神髓。近世西洋哲学的泰斗康德，长于分析和综合，巧妙分析，巧妙综合，或起草纯理性批判之论，或另立道德论之案，学理是学理，实行是实行，完全区别开来。如他的道德理论，同他的哲学理论迥然异趣，甚至有时认为不是同一个著者的文笔。根据康德的统一主义，则其全部哲学应体现同样的理论，今却反然之。难道这就是理论和实行区别开来的理由吗？

学理的适用

既云学理，能直接实行于任何时间地点也毫不足怪，得以直接实行，但丝毫不减学理的价值。而阳明学原以知行合一为要旨，理论和实行不是别物，故中斋的主张偏向于实行方面，同时也明于理。偏于一方，或看作二者都不行。若误将实行和理论分开，则会使阳明学和朱子学合流。王阳明是以简易直接为主的学问。反之，错综复杂则是朱子学之末流，这是后来论述王阳明者应绝对要注意的。

我们既然已经讨论了中斋学之五纲领，下面再论述中斋学的其他方面。

天人合一（唯心论）

中斋信奉王阳明之说，同为唯心论者，其唯心说在各个方面有所发现，特别是天人合一的部分。现详密言之。

效法自然

中国人自古以来为了律人身之行为，在说天地自然状态各种现象时，以追求人身和宇宙的类似点，来告诫人事。例如《易》之开卷第一章云"天行健，君子以自强不息"。其他如孔子、子思子、孟子等的著作中，以自然状态来告诫之语极多。特别是到了汉代，阴阳五行之说流行，彼此配当，如以仁义礼智配当四时或四方。董仲舒的《春秋繁露》尤为著名。在这一点上中国古今是一致的，也许是中国的大陆地势使之然也。而西洋也有类似的地方，如社会学者孔德，将社会组织和人身组织进行比较而立说。其他以自然现象律日常行为的说法也不少。

迷想

在中国，现在仍有以人君之行为或政治之好坏直接和天地相关的理论，认为天变地异嘉瑞吉兆，皆是人君行动的结果。古代汤王祈雨，罪责其身，或如丙吉闻牛喘而慎政治，或发生日食时斋戒沐浴谢罪，皆产生于天人感应信仰。然而，中斋不单单作类比，还提倡精密的天人合一论，天即人，人即天，它们之间没有多大差异，即他的理论大多以迷信为基础，而以确实的推理来建成的，所以说他不愧于唯心论者之名便在于此，中斋明言天人一体，云天为大人，人为小天。

中斋之哲学，或说太虚，或说天人合一，或说致良知，而其主要之处，在于他的伦理学。

以伦理学为主

他的理论可说是纯正哲学，但其主要论旨不在哲学而在于伦理。他说，宇宙之大，是为了伦理，一身之小，亦是为了修身，千言万语，横说竖说，皆不出伦理范围。他以唯心论为主，而对于如方今所谓博物科学，不但没有修得之意，反而以之为无益。其专心一意考虑人事，不顾其他，唯只热衷人之研究。也即其蹈袭东洋学者从来之风习，也偶有创始特见，不离伦理之范围，这些都是根据他的基础理论而来的。

世间学者注目儒学时，或注重其伦理学，或政治学，或社会学，并非没有其理由。然而，治国平天下之本，在于修身齐家的话，以伦理为主则自不待言。

纯粹主观性的

今中斋之学亦然。而在伦理学中，其又主要偏向于个人伦理，不论及社会的道理，而主要是内省的方法。中斋以锻炼心法为主，以唯心论为学说之基础。阳明在儒学当中被人们当作唯心论者之首领，中斋信其唯心说，故主张社会即吾心中之物，专练心法。

东洋古来就有唯心说，佛家之唯心说更不用说，其强调"万法唯一心，心外无别法"，如孟子也主张"万物皆备于我矣"。至阳明子最为明白。中斋言天和人都发自于内心，而不是因外界诱惑而出。其提倡天人合一，所以云天人都由心上而起。他说：

> 邵子曰：天向一中，分造化。人从心上，起经纶。一即心也，心即一也。非外春夏秋冬别有所谓造化者也，非外仁义礼智更有所谓经纶者也。由是观之，则天与人皆自内发出焉，而非自外袭取来而后出者也。学者于是当知天下合一之道矣。

可知其为唯心论者。

包含方寸太虚

加之，中斋以太虚主义为根柢，我心即虚空，心外亦虚空，而内外两虚空，直接相联络而不隔绝，我方寸之虚扩充的话，应葆容无限大之太虚，所以说天地万物即吾心中之物。他说：

> 自口耳之虚，至五脏方寸之虚，皆是太虚之虚也。而太虚之灵，尽萃乎五脏方寸之虚，便是仁义礼智之所家焉也。其所家焉仁义礼智，即太虚所循环之春夏秋冬也焉耳。由是观之，则仁义礼智与春夏秋冬异形而同。故昔人曰，人者天也，天者人也。夫子所谓天何言哉，四时行焉，万物生焉，天何言哉。是将天言人德也。然则曰天者人也，人者天也。不亦理乎？

直接以口耳之虚空和五脏方寸之虚空，为太虚之虚。而云心脏之方寸是仁义礼智的出处，仁义礼智即和春夏秋冬同一的话，心脏之方寸即和天地一般大，以小天地和大天地来证唯心。文中虽引圣贤之语来证自家之说，是所谓断章取义，原语之意义与之异趣。或采用之固然无妨，但后人听之以为常见而解之，不免生牵强附会之感。所以应须记住中斋学的根本主义。

我们读中斋之唯心论，丝毫不应忘掉他的太虚主义，所谓得天人合一，是在归太虚之后。若我们不能归太虚，依然为一小身躯，焉得全此大观乎。以尧舜皆如此来说太虚归太虚，则应完全去邪欲后而得。而他提倡万人同性论，云应和谁得共归太虚。

天人合一之观法

他又说：

> 闭眼反观之则方寸之虚，亦春夏秋冬焉耳。开眼放观之，则天之太虚，亦仁义礼智焉耳。天人合一无疑矣。

开目闭目，彼此反省比较，讲大小世界之合一，甚为详密。他还说：

> 夫人心之仁，在天为春，礼该在其中，故不别谓礼。人心之义在天为秋，智该在其中，故不别谓智。然则人心之仁义礼智，即天之春夏秋冬也，而有意欲则仁义亡矣，而去意欲则仁义无恙。而存乎方寸心，其践之乎外也，则人道之常。故谓之道蕴之乎内也，则天命之贵，故谓之德。要非归乎太虚，安能得保其仁义道德之全美也哉？

突闻其言不是没有荒唐之感，再审思默考的话，其要约在唯去邪欲这一点，其绝非大言。

中斋提倡唯心论，言天人合一，小天地即为大天地，有至大之观念。而由大观念的形成描绘出一大巨人，中斋的这一观念使他直接举起救民天诛之大旗。其言曰：

> 闭眼俯仰天地以观之，则壤石即吾肉，草木即吾毛发，雨水川流即吾膏血精液，云烟风籁即吾呼吸吹嘘，日月星辰之光即吾两眼之光。春夏秋冬之运，即吾五常之运。而太虚即吾心之蕴也。

又曰：

> 躯壳外之气便是天也。天者吾心也。心葆含万有，于是焉可悟矣。故有血气者至草木瓦石。视其死，视其摧折，视其毁坏，则令感伤吾心，以本为心中物故也。

又曰：

庆云鸣雷，凄风和气，皆是太虚之象，而不常有，然有时出焉。喜怒哀乐，皆是人心之情，而不常有。然有时起焉，故喜怒哀乐，便是天之庆云鸣雷凄风和气。而庆云鸣雷凄风和气，便是人之喜怒哀乐也。元是不二矣。

又曰：

瞻日色薄而月光明，则知者知阴凌阳矣。见眸子眊而血气浮，则明者知邪胜正矣。天人本是通一不可欺者也。

由此可见，一个无限大的巨像，恍惚如立于我们眼前。而此巨像即渺渺一小躯体，方寸虚之化身。岂一个巨像乎？万法唯一心，心外无别法也。

良心论

东西洋之长处

东洋学者一般长于心之精练作用，西洋学者一般重于经验，如长于分析作用之类。东西各有长短。西洋的长处在于有利于获得新知识，不便于综合精练精神作用。东洋的长处正相反。而特别是阳明学，心学纯属于主观的话，专以心之精练作用为主，不务得外界之知识，否，反之认为如方今所谓科学研究，为无益徒劳，是其根本学说，知心之理，则包含万有之理。大概斯学之弊也在于此。若加上心法的话，实验性的新智慧，其利不知几何？这应该引起当今学者的注意。

现在我们在究明中斋之良心说时，想稍微考察一下东西哲学者的良心说。中斋良心说是从阳明子那里来的，阳明子亦有其先驱，是故有必要论述东洋的良心说。

孟子之良心说

我们为了观察东洋哲学者的良心说，首先应论述孟子之良心说，因为孟子开良心说之嚆矢。今观孟子之意，其大致认为：良心是仁义之心，人各自固有，而道德具有支配万般行为、判断善恶正邪的力量。性本来至善，但教养之如何，可使其力增强或减弱。而减弱到极端的话，则所谓离禽兽不远；增强到极端的话，则所谓成大圣人，最圆满而其行为毫无缺陷。而人类之所以灵于万物，唯独人类有此仁义之心，其他动物则没有。

根源

孟子以良心云仁义之心，孟子人生观的立脚点在于所谓"四端"中的恻隐心，其由善恶心的作用而命名。总结孟子之意，良心为基于性善的心之作用。孟子尽管不偏向于智、情、意的任何一边，却未免粗笨之失。

由上述良心说推演，良心是关系道德行为的人心之作用，有时智力占主动，情意为从动而助之，或者某一瞬间感情成为主动者，其他作用则辅佐之。或者某一瞬间意志演变为主要部分，所以并无一定。

心之三作用

而心的这三个作用，明显和原来独立着的三个部分有区别，且心的活动即使一时成为主要作用，其他的也并非完全不动，直接或间接辅佐之。

唯从良心是判断善恶这一点来看，智力为善或为恶的结果，从感觉快乐苦痛这一点来看的话，感情欲为善，从欲避恶这一点来看，感情却是意志。在道德上我们即使完成一行动，也绝不可缺乏智情意的三种作用。总之，良心即指有关智情意之道德作用。

中斋之良心说，虽由孟子而来，语却不精。譬如他说：

《阳明先生语录》曰：或问异端。先生曰：与愚夫愚妇同的，是谓同德。与愚夫愚妇异的，是为异端。所谓与愚夫愚妇的何？是就其夜气，爱亲敬兄，知善知恶之良心言也。其良心即与赤子一般。赤子之心，乃圣人之心也。圣人特扩充焉耳。若夫囿于气习物欲，而不能扩充者，是乃愚夫愚妇之所以终乎愚夫妇也。然良心以愚夫妇皆有，故听伯夷之饿，则心皆是之。听盗跖之侈，则口尽非之。故同的者，只是此良心而已矣。良心者良知也，故外良知学则异端矣。圣人复起不必易斯矣。

良心即良知

其"又曰夫良知不学不虑之良心耳"，也就是以良知和良心相同。古来解孟子良知良能的文章，都说达道言示良心不在外者居多。故他以良心为仁义之心，以为主张仁义的孟子之意，提倡致良知。倡导致良知的中斋说，良心即是良知。这难道是同体异名吗？根据此语，其专指普遍之事，言良心即良知，说良知不能离开，良知之知不是情趣之知，良心之心是仁义之心，不是常之心，故致良即涵养良知之意。拿《大学》的话来说，便是"明明德"。若说良心即良知的话，中斋的良知说应同阳明子一样。然而云良知即不学不虑之良心而已时，则稍微同前意不同，中斋子一书中，有如此之差，大概是取良心即良知之意的原因吧。

性善恶论

中斋与阳明子相同，取性善。然而其语中有少许和孟子不同之点。阳明子主张心即理，心之本体即理为善固然明白，然在为何恶生于人处生疑。

为此才云"无善无恶是心之体，有善有恶是意之动"。又曰："率性之谓道，便是道心。但着些人的意思在，便是人心。"和子思子在《中庸》之首章有相同之处，而以道心人心、天理人欲区别善恶，故心之本体不许善恶，意之动允许共有善恶。中斋也论心之本体，云无善恶。譬如其如下说道：

> 然则心也者善恶混焉乎？曰心之体太虚也。太虚一灵明而已矣。何善恶混之有。然气之往来消长，则不得无过不及也。只其过不及便是气之所由生也，而未曾能损乎太虚之灵明也。

同阳明子之说大概一致，和其本体不许善恶是完全相同的。

善恶皆天理

然其更进一步，云天下善恶皆天理，而和之前所云心之本体善恶共无并不相戾。中斋举二程子之语曰：

> 二程子曰：天下善恶皆天理。谓之恶者非本恶，但或过或不及，便如此。又曰：圣人即天地，天地中何物不有？天地岂尝有心择别善恶？一切涵养覆载，但处之有道尔。阳明子善恶只一物之说。根二程子此语来也。而以善恶皆天理之说语于儒者，儒者乃谓性即善也耳。以恶谓天理可乎而必不信善恶皆天理之说，然悟天理之太虚，则无可疑矣。

这是针对极端状态而言，而不是说的性。

良知普遍

中斋论性曰：

良知各具备焉如地中水，无不有致之之难。如逆水舟，惰则退而不进。荀子睹致之之难，遂谓性恶。孟子见无不有，断谓性善。夫虽致之难，然无不有，则本来之性，固善也已矣。故性善之说，冠于万世，确乎其不可易者也。然不致之，则视听言动皆离道矣。皆离道则果人乎，抑兽乎？若兽也，则性果善乎，抑恶乎？吾恐荀说之孚乎世也，是故学者不可不立志以致之也。

此语明确是在赞性善说。且取性善之妙喻曰：

水性本寒矣。火在其下，则沸沸然化为汤了。当其时，水虽有寒绝无也。人性本善矣，物诱其外，则怅怅然化为恶了。当其时，人虽存善或无也，然去其火，则寒复依然。拒其物，则善亦现在。如去火不早，则焦枯，而水与性俱灭矣。拒物不严则坏乱，而人与性俱亡矣，是当然之理也。吾辈宜用不失性之工夫也已矣。

恶之起源

此语虽为性善，但陷溺于物欲，言为恶之增长，大概由孟子之说脱化而来。然而中斋像孟子那样，不明确提倡彻始彻终的性善说，而时为性善情恶之论，和李翱类似，或非万人同性论，都取性二品说，其还是有少许不明之点。

性有三品

他又说：

自性善上行道来者，不论高下精粗，尧舜孔孟之血脉也。自情欲上为恶来者，不论小大深浅，桀纣莽操之苗裔也。外妆点仁义，而衷包藏功力。以道问学以从事世务者，便是霸者之奴隶也。亿兆虽不可胜算，人品要不出乎此三等。

这段话不太符合逻辑，或云血脉也，或云苗裔也，原不过是比喻用语，一是举出尧舜等人物为至善，二是举桀纣为大恶之标准，三是在两者中间举霸者之奴隶，为之三品，和韩退之的性有三品说多有一致之处。且尧舜自性善上来为善，从情善来说为善。又有言桀纣之徒是由情欲上来为恶，说性恶带来情恶。恶人是性善还是性恶，或者善人无情欲？此间甚为不明。中斋又说情全是恶，其言曰：

> 荀子性恶之说当之于情，则不易之论。而当之于性，则不吻合也。此无他。他只看阴阳，而未见太极故也。

若根据此说，从完全的仁政到小的慈善事业，无情才能为，这当然是错误的。而此错误，来自于过度地恐惧情欲，遂有陷入佛家灭断情欲之说，圣人岂无情乎？情并不一定是恶，善恶之事业，并非不借助情的作用。如孟子则不然，"孟子曰：乃若其情，则可以为善矣，乃所谓善也"，"若夫为不善，非才之罪也"。孟子之性善说并非没有难点，但云性善说是彻头彻尾的性善情善才善，一点都没有弛挫之处，是亦既足也。这是孟子之所以为孟子之处。

我们在前面几节，概述了中斋的学说。下面想补充几点。

见识

卑名利

中斋曰："功名富贵锦核陷阱也。心虚则能见以避之，不虚则视而不见，蹈而死者不少矣。呜呼。虚哉虚哉。"又曰："丈夫之业圣贤唯是期耳，何富贵利禄之羡？"不为利而屈，不为欲而热，彻头彻尾。不虚心平气者，不足当大事业。若为功名富贵而谋事，实是陷入陷阱者，中斋跃起从事圣贤之业，不羡望利禄，可谓大丈夫之所为。

为学工夫

其曰：

> 若从私情任我意，以言动则虽胸富万卷，要书库而已，不足贵也。书固入道之具也，然不知要，而泛观博览，则德坏而恶殖。吁，亦败已乱世，可不慎哉。

又曰：

> 学以心为主。学虽多端，要归乎心一字而已矣。

方今分业盛行，学者只知以学理为职业，宛然如百工技艺，而毅然成德器者少。博览多识固然值得称道，但也不必骂之为书库。堂堂学者没有自家独特见解，不值得尊敬。中斋之语是偏于心学而有些矫激之弊，但采纳而参照之，恰好可以为药石吧。

评豪杰

他说："夫古今之英雄豪杰，多从情欲上做来。从情欲上做来，则虽惊天动地之大功业，皆是梦中之伎俩而已。"古今几千豪杰，闻此评论，哑然一笑，搔头而赞成平八郎之言的人究竟有多少呢？

大彻大悟

中斋曰："一旦豁然见天理乎心，即人欲冰释冻结矣。"中斋廓然悟入，去利欲，精进修道之处非常多，此点为得斯学最重要之处。古来阳明学者为大业惊常人之处，都在于抛弃利欲，心事磊磊落落。凡有利欲者，必有危惧，有危惧则其心失平衡，举措不得其所，动辄误事。虚心平气是成业之秘诀，阳明学之大本领不外乎于此。中斋之语虽有时失之奇矫，但他不羡富贵利禄，以崇尚圣贤为目的，足以值得大为钦佩。

勇猛精进

他说：

> 血气随死而腐坏散灭。如夫浩气，不随死而腐坏散灭，圣贤俊杰之道德功烈赫然宇宙，经年益光辉焉。此何物即是浩然之气。于凡庸，决无之，血肉汉不可不愤悱也。茌苒与岁俱逝违，虫蚁草木腐几希。非大哀耶，非大恨耶。思之勤一字，岂容忽乎哉？

中斋子的勇猛精进，唯诵此一节则了然之，实是我等后辈之楷模。他为道而不惜掷一身，亦是由来于此心，岂能轻轻看过？

教育法

中斋的教育主义是文武兼备，学问事业并进。这是由知行合一主义而来的。截然划分学理是学理、实行是实行，则为斯学之最不可取处。本体即工夫，工夫即本体，体用一源，明明德和亲民不可相离。理论家同时也是实行家，哲学和事业合一并进，是王学者之大本领。前段分说学说工夫，只是为了简便而已。中斋怀抱如此之主义、学说、识见，其熏陶入门弟子的方法，也可直接推测知之。我们只是指出了其大要而已。

洗心洞学名学则

弟子问于余曰："先生之学谓之阳明学乎？"曰："否。""谓之程子学朱子学乎？"曰："否。"……"然则先生所适从将何学耶？"曰："我学只在求仁而已。故学无名，强名之曰孔孟学焉。"曰："其说如何？"曰："我学治《大学》《中庸》《论语》也。《大学》《中庸》《论语》，便是孔氏之书也。治《孟子》也，《孟子》便是孟氏之书也。而六经皆亦孔子删定之书也，故强名之曰孔孟学也。"……呜呼，孔孟之学在求一仁，而仁则何遽下手，故或读其训诂注疏，而求其影响。或因其居敬穷理之工夫，以探其精微，窥其底蕴，或致良知以握其简易之要，而毕竟各皆只归乎孔孟之学也已矣。故孔子以《孝经》授予曾子，而谓之至德要道。孟子亦曰，尧舜之道为孝弟而已矣。以是考之，则四书六经所说虽多端，仁之功用虽远大，其德之至，其道之要，只在于孝而已矣。故我学以孝之一字，贯四书六经之理义，力固不及，识固不足，然求诸心，而真穷心中之理，将以死从事斯文矣。

且其入学盟誓最带特色，今示之梗概。

洗心洞入学盟誓

欲学圣贤之道以为人，则师弟之名不可不正也。师弟之名不正，则虽有不善丑行，谁敢禁之？故师弟之名诚正，则行于道其间。道行而善人君子出焉。然则名学问之基也，可不正哉。某虽孤陋寡闻，以一日之长，任其责，则不得辞师之名。而其名之坏不坏，大率在下文条件之立不立。故结盟于入学之时，以预防于其流不善之弊。

主忠信，而不可失圣学之意矣。如为俗习所率制，而废学荒业，以陷奸细淫邪，则应其家之贫富，使购某所告之经史以出焉。其所出之经史，尽附诸塾生。若其本人而出蓝之后，可从其心所欲可。

学之要，在躬行孝弟仁义而已矣。故不可读小说及异端眩人之杂书。如犯之，则无少长，鞭朴若干。是则帝舜朴作教刑之遗意，不是某所创也。

每日之业，先经业后诗草，如逆施之，则鞭朴若干。

不许阴缔交俗辈恶人，以登楼纵酒等之放逸。如犯其一，则与废学荒业之遣同。

一宿中不许私出入塾。如不谋某，以擅出焉，则虽辞之，以归省，敢不赦其遣，鞭朴若干。

家事有变故，则必咨询焉，以处之有道义故也。非某人欲闻人之阴私也。

丧祭嫁娶及诸吉凶，必告某，与同其忧喜。

犯公罪，则虽亲族，不能掩护，告诸官以任其处置。愿尔们小心翼翼，莫贻父母之忧。

右数件勿忘，勿失，是盟之恤哉。

167

以上是中斋严格规定的塾则。他峭直励精，处事寸毫不假。和其理吏务相同，厉行此塾则。或疑惨激恩少。然洗心洞师弟之情意深厚，其举大事之日可得证知。"万死欲修身"与"杀身成仁"，是中斋片刻不忘之处，济济多士也受此熏陶，故能献身奉师之命，势必不免有些胁迫，但得二百余名死士，岂非由伟大之感化力乎？

著作

一、洗心洞札记（二册）　二、同附录（一册）

献身的事业

贪吏富豪之奢侈

从天保七年（1736）丙申春季以来，阴霖久至，洪水泛滥，至晚秋又遇暴风烈雨，年谷不登，至米一石值银二十两，老少倒毙路旁，壮丁散于四方。中斋为奉良知之学，期知行合一者，目击此状难以抑制恻隐之情，乃请城市的奉行赈恤市民，但未被采纳。于是与二十余名同志和大阪市中大商人商量，豪商亦无赈恤之意。幕吏旁观，富豪袖手，独物价日日升高，饥饿加重，惨不忍睹。

元旦诗

翌天保八年（1737）丁酉，饥馑愈来愈甚，下民菜色增多，饿殍充满路边，暴吏日益骄奢，富豪倍逸极乐，已经快到人食人之悲境了。中斋之良知独灵明，心中恰如仰万斛之毒。乃于丁酉元旦赋诗一首：

> 新衣着得祝新年，羹饼味浓易下咽。
>
> 忽思城中多菜色，一身温饱愧于天。

于是，中斋将自己所藏之书籍悉数变卖，得银六百五十两，让门人分配于一万贫民，其符证如下：

谨告

近年米价持续高涨，困穷之人甚多。为此隐退之大盐平八郎先生，以变卖所持书籍后得代金，给每一户困苦之家发放金一朱，共发放一万家。持此书者可早日前往申请。

但必须在酉二月八日七时抵达安堂寺町御堂町南东侧本会。

河内屋　喜兵卫

以此为救民之开端。町奉行迹部山城守闻之，不堪嫉恶之情，乃招中斋之义子格之助，谴责此是卖名行为，蔑视上司。于是，中斋遂按捺不住，于二月十九日举事，率门下同志二百余人举救民之旌旗，大行赈恤之事。

檄文

举事之前，预先发布檄文告摄播河泉之间。其文曰：

四海困穷，天禄永终；小人治国，灾害并至；此盖往圣之深诫于后世人君人臣者也。东照神君亦尝谓："怜恤鳏寡孤独，是为仁政之本。"然而，于此二百数十年太平之世，在上者日益骄逸，穷奢极侈。达官要人之间，贿赂公行，交相赠纳。甚且不顾道德仁义；以内室裙带之缘，奔走钻营，得膺重任。于是，专求一人一家之私肥，课领内百姓以重金。

多年以来，百姓于年贡诸役本已极难应付；今再遭此搜刮，民用日益枯竭。似此情况，自幕府以至于各藩，相习成风。终至于四海困穷，人人怨嗟。

天皇自足利氏以来，如同隐居，久失赏罚之柄；故下民之怨，告诉无门，遂相率成乱。民怨冲天，年年乃有地震、火夹、山崩、水决等；五谷不登，饥饿相成。是皆天之所以深诫于吾人者也。然而在上者仍多不察，小人奸邪之徒续掌政事，日唯以榨取金米为谋，恼恨天下。

我等草野寒士，虽有鉴于庶民之疾苦，悲愤抑郁；然自顾无汤、武之势，孔、孟之德，乃唯有徒然蛰居而已。然而近者，米价一再高涨；大阪府尹暨诸官吏，罔顾万物一体之仁，恣意行事，推将米粮运往江户，而于天皇所在之京都则不与焉。甚而于购米五升或一斗之民，亦以动用贡米而妄加逮捕。

昔有诸侯名葛伯者，夺民人之食而杀民人之子；以此与今相较，伤天害理，实无稍异。今之国内，凡我人民，均在德川家治之下，本无差别可言；而乃相待若斯悬殊者，皆府尹等之不仁所致也。更有甚者，府尹辈虽滥发告谕，而于大阪城中游手好闲之辈，反而优渥倍加；盖因府尹等之进升，乃由于奔走钻营而得；本不顾道德仁义，遂致有此等乖戾悖理之事也。

近年以来，大阪富商借款于三都①。各大名由是得以攫取巨额之利息与禄米，其生活之豪奢，实为旷古所未有。彼辈以商人身份，竟进为大名门下之司库家臣。彼辈富有田户及新垦土地等，丰衣足食无所匮乏；而乃目睹天灾天罚不知自检，置平民乞食于不顾。至于彼辈自身，或则山珍海味，妻妾围侍；或则引诱大名家臣于青楼酒肆，饮宴无度，一掷千金。际此民生艰难时节，彼辈依然锦衣玉食，游乐于优伶娼妓之间，一如往昔。此情此景，实同纣王长夜之宴也。然而，职掌当地政务之府尹暨诸官吏，竟复与之相互勾结；朝夕猬聚堂岛②，计议米价行情，而置下民于不顾。此实盗禄之贼而有违于天道圣心者也。

我等蛰居草野，虽无汤、武之势，孔、孟之德；然而事至于此，

---

① 指江户（东京）、大阪、京都三城市。
② 堂岛是大阪市内著名街道，是当时米谷商人的集中处。

忍无可忍，纵有灭族之祸，亦不敢不以天下为己任。今结集有志之士，诛起而诛戮此殃民官吏；并于骄奢已久之大阪奸商，亦将一并加以诛戮。此辈所藏之金银财货以及米粮等物，当悉数散发于百姓。凡摄、河、泉、播等处无田之人，或有田而不足供养父母妻子者，均可前来领取。为此，无论何日，凡闻及大阪城中事起，各村百姓即须不问路途之远近，火速驰来大阪共分金米。效周公散鹿台财米，以济下民之遗意，以救今日饥馑困顿之百姓。四乡来集诸人之中，若有才能者，当予起用；参加军伍，共同征伐。

我等兴师问罪，不同于乱民之骚扰；既欲减轻各处年贡诸役，并欲中兴神武天皇之政道；待民一以宽仁力本，重建道德纪纲，一扫年来骄奢淫逸之风。俾四海共沐天恩，得养父母妻子，救当前之苦难，使来生之安乐世界得见于今日。尧、舜、天照大御神之盛世，虽或难于重现；而中兴气象，当可复也。

此文即刻传达于各村，并为使多数百姓皆能见及，应将此文张贴于热闹大村之神殿。又须从速通知各村，嘱其注意勿为往来大阪间之吏役所悉。万一已被知悉，并将报告于大阪奸人之时，应即当机立断，予以斩杀。

大事既起之后，若有疑虑不定，或有不至大阪或迟至大阪者；则金米财物，已化为灰烬不可复得矣！为此即通告百姓，勿于事后以为我等乃毁物贪财之人，而徒有怨言也。

各村于地头村长处，本置有纪录年贡租役之账册；毁账之事虽然每多顾虑，但为拯救百姓之穷困，此项账册文件，应即全部烧毁之。

今日之举，既不同于本朝平将门、明智光秀、汉土刘裕、朱全忠之谋反叛逆，更非由于窃取天下国家之私欲。

我等宗旨，日月星辰当能明鉴；盖唯在效法汤、武、汉高祖、明太祖吊民伐罪之诚心而已。若有见疑于斯举者，请观诸我等事业完成之日可也。

此文应由寺院神社之僧侣或神官，宣读于百姓。村长乡老中，若有惧于眼前祸患而私自隐匿此文者，一经发觉，当即处罪。

奉天命，行天罚。

致摄、河、泉、播各村村长、乡老、百姓等。

天保八年丁酉月日

这篇文章实乃中斋以满腔热血写之，字字赤诚，句句烈霜，怜愍之情，淋漓纸上，慷慨之气概袭人，后人因钦慕中斋而奋起，不能不有此献身的事业。富兰克林之美国独立檄文，在精神与气象上，也不出上述檄文之上，读者岂能轻轻看过。

举兵

十九日，炮声一发，开始举事。当时东风暴烈，火焰盖天，火势波及鸿池、三井、山城屋诸豪宅。已有大量的幕兵前来防御，寡不敌众，军气渐失，中斋遂认为不能成事，决定各自散去，自己同格之助隐藏于见吉屋五郎兵卫之宅。

通缉令

霹雳一声，雷霆既收，猛狮一吼，踪迹既失，二百年来昌平之梦一时破。四海骚然，探求太急，突然一张通缉令飞向四方。曰：

大盐平八郎

一、年龄四十五六岁。

二、脸细长、肤色白。

三、眉毛细长而薄。

四、细眼。

五、额开发青。

六、耳鼻一般。

七、身高瘦胖一般。

八、言舌爽而尖。

穿着锹形甲衣，黑阵羽织，其他不明。

事发之后的第二个月，被发现，吏卒来捕之前，父子放火自尽。时天保八年丁酉月日三月二十六日。

评论

阳明和中斋

中斋之学由王学而出，从前面的叙述中我们已经得知中斋是如何钦佩王学的。中斋管鲍之友赖山阳，称之为小阳明。中斋度量极其狭隘，不如王阳明之气宇宽阔。从人物上比较二者的话，其种类虽然相同，其等级却大有差异，但也不能大彼小此。王阳明毅然而立，排百难而不屈，中斋亦战胜无数苦难而成其志。中斋为主义而毙，但充分依据其本身而得到证明。

伯夷和中斋

伯夷叔齐求仁，饿死于首阳山，和中斋焚死于见吉屋五郎兵卫的仓库内，丝毫没有什么不同。若云伯夷叔齐求得仁，岂能云中斋没有得到？中斋曾对王阳明发誓，曰杀身成仁为己所求，绝非空言。仔细思考中斋当时之学风，海外之儒教萎靡不振，不是字义训诂，便是诗文记诵，况且朱子学作为我国正教受到奖励，禁止异学令已经颁布。和中斋同世而出最为尊崇王阳明的是佐藤一斋，其取阳朱阴王主义，也完全是因为这个禁令。中斋摆脱外界的影响，毅然独立，旷世之下，异域之外，同阳明相契合，在三轮执斋之后的百余年间，再兴几乎灭绝的阳明学，颇足以称。加之，如此其摆脱时弊，提倡自家之学说，极大地鼓舞了将来我邦学者之独立之精神。

独特之见

显而易见，中斋学由王阳明而来，其根本主义如太虚说，却不能说是来自于王阳明。中斋自曰"一生之心血半在于此书"，藏之于富士山之高岳，献之于伊势之太庙，《洗心洞札记》是他说太虚最为详细的独得之说，将中斋和世间盲信鼓从学者混为一谈是错误的。

先驱

然而我怀疑，其太虚说有两三个先驱。中斋原来奉儒教排斥释老，故不允许说其得之于老子。他自己虽说得之于张子及阳明子而祖述之，但《札记》开卷第一有"谷神"二字，于后段却说不择其人，难辨其言。如藤树、蕃山二子，也有一些太虚说的元素。总之，其太虚主义如中斋子自言，不是来自老子，老子之虚无说，对其说却是有裨益的。故我们说，中斋子不可不感谢老、张、王三子先驱之劳。远从老子那里，抛弃其退步的消极的因素，附加进取的积极的因素，近从张、王二子那里精练发达。而集之大成，形成自己的根本主义之功，可不归于中斋子自身。《札记》云：

> 阳明子曰："良知之虚便是天地之太虚，良知之无便是太虚之无形。"吾太虚之说皆亦祖述此来，而张子之太虚无复异之也。

重言

然而这里所谓庄周"重言"，不过从古人取其真。以太虚为根本主义，蔚然自成一家，是中斋的功绩。中斋从四书五经那里，广泛搜罗有关空虚之语，著《儒门空虚聚语》上下二卷及附录一卷，努力证明自说，但不外乎是蹈袭东洋学者之尚古常态而已。但不论如何，都不应减少中斋的独特之功。以太虚为自家哲学之基础，解释森罗万般现象，皆为中斋之力。然而，中斋亦忧其太虚说与老佛有混同之虞，故曰"人如无欲则独自了悟焉，否则必有疑类于老佛者，不辩而可也"，颇有忠实其学而谨慎保护其说之感。

空间与时间

然而中斋倾向于提倡太虚时，其一般哲学要素的空间思想虽然周密，另一个要素时间观念几乎全都忘失。以西洋哲学者之缜密思想加以对比的话，有遥望不及之点。当是时我国学界的哲学性思考，还完全处于萌芽期，最多只出现了一种崭然的构思而已。回想起来，王阳明也是在朱子学全盛时期，廓然大悟提倡其说，同样，在我国朱子学盛行时期，其违反幕府的倡导，堂堂正正主张自己的学说而不让步，读中斋子，谁都会为其精神感动而勃然奋起的。

中斋倡导太虚说，怀天人合一之大观念，但其性急易怒，不似王阳明之宽宏大量洒洒落落，世人屡次议论其过激。特别是矢部骏洲评论中斋云"平八郎是容易生气之人"。

阳明学之本领

然而其聪明果毅，有严谨自持之风，其志高尚，刻苦钻研，直接与圣人为伍，不屈于威武权贵，不为富贵利禄所动，堂堂正正。其不愧于俯仰天地的行动，最值得称赞，贯彻自家信仰，不顾生命，救涂炭苍生，遂自焚而死，和希腊圣人苏格拉底为道而仰毒，完全同其旨趣。特别在我国，出自信奉阳明子的三大家之后，不仅很好地继承了学脉，而且有独立创见，提倡知行合一主义，在证知行合一方面，可说不亚于在天之王阳明。

中斋曾说道：

> 喜怒哀乐，任情起灭，则亡德丧身之基也。故君子慎独，归乎太虚唯是之务。是以当喜怒哀乐之境，尤忍而不轻起焉。如吾者，则反之宜慎也。

他自身也气短，动之如忧亡德丧身之基。他的脾气为一声"救民、天诛"而爆发。

轻举

当时中斋门下有一俊杰，名叫宇都木矩之丞，严正刚直，来到师前谏阻道："我师这次举动，不似平生之沉着，甚至似暴虎冯河之轻举，大义不是我等能分辨的，但是这次确实有反逆之形迹。我等长期沐浴我师之恩，但是这次行为确实违反圣贤之道，不能赞成，请你好好考虑。"而他终不免因气短而陷丧身，岂非千秋遗憾乎？我们了解他的根本主义，称赞他的信念之厚，但在如何公平评价他的举动时，不由得认为他还是应该更加踏实，深谋而远虑才是。

日本哲学史上的一大奇观

然而中斋峻严峭拔的性格，发挥了简易直接的阳明学，更主张简易直接的太虚主义，单刀直入，亭亭当当，直上直下，以太虚贯通天人，网罗宇宙，可谓我国哲学史上之一大奇观。他的哲学性质孤峻，其辩证法精锐，其推理力果敏，其思索力直接，其特色显著。

哲学史上的地位

中斋作为阳明学者，与我国前后的其他学者相比，德行不及藤树，作为政治家更不及蕺山。至于执斋，则仁者见仁，各有优劣。他虽为大辟之人，德望不甚扬之，迄今为止，世人知中斋真正价值者尚少。然而其在以太虚主义建设哲学、契合孔孟之教、中兴王学等方面，在我国可博得大哲学家的英名。推之我国古今，比中斋优秀者又有几人？中斋不运，不得际会风云，始终立于逆境，虽非名声赫赫，在我国哲学史上的位置，堪称第一流吧。

第十三　佐藤一斋

略传

佐藤坦，字大道，号一斋，别号爱日楼，又号老吾轩。江户人。父亲信由，仕于岩村藩①。安永元年（1772）十月，一宅生于滨町藩邸。一斋幼年喜好读书，又善临池之技。十二三岁时，几乎如成人。至成人后，崭然见头角，志在圣贤之学，立志甚为坚定。宽正二年（1790）开始登仕籍，入近侍之列。后因故辞职，就学于大学头林信胜，听其讲学，时为宽正五年（1793）二月。

以王学为基础

一斋之学，阳唱朱子，阴信王子，世云之为阳朱阴王。其以《陆象山全书》《传习录》等为基础，引朱子，合陆王。和松崎复、市野隼卿等交往，皆为一时之俊秀。又历访有名儒流，讨论问难，以攻义理，名声渐起，列藩诸侯，争相聘请其讲学，几无虚日。

成为林氏塾长

他曾应平户②侯之聘，讲经居岁余。归京之后，为林氏之塾长，督众门

---

① 岩村藩为今岐阜县之一部。
② 即平户藩，今长崎县平户市一带。

生。他又不辱东睿山法亲王之知遇，担任侍讲，经常陪侍诗歌之筵。文政九年（1826）岩村藩拔擢一斋列老臣之列，称师范，使议国事。赐廪米十五口。天保十二年（1841）十一月，幕府又擢一斋为儒官，赐禄二百苞，另给俸米十五口，使居昌平坂之官舍。海内学士仰之如泰山北斗。弘化二年（1845），荷兰国使来朝，幕府让林皝作报告书，命一斋助之。嘉永之初，临阁老昌平黉，发海防时务策，令诸儒作对。为此上策一道。后又接待美国使节。以功赐银二十锭，进布衣之班。安政六年（1859）九月，突发咳喘，二十四日遂殁。年八十八。

景仰王学

一斋信王学甚厚，凡有关文成公之事，无不网罗搜集。曾获文成公之真迹墨妙亭诗一贴，珍惜不亚于赵璧。只要墨迹存于我国者，百方收之，至得者，则命人双钩填墨以藏之，辑《爱日楼姚贴》三卷。

学说＝善恶论

同性异质论

一斋提倡万人同性论，性相同质相异，质之不同是由教所设之处。所谓性同，则是教由而立之处。

一斋讨究恶之起源，曰：

> 欲知性之善，须先究为恶之所由。人之为恶果何为也？非为耳目鼻喉四肢乎。有耳目，而后溺于声色。有鼻口，而后耽于臭味。有四肢，而后纵于安逸。皆恶之所由起也。设令躯壳去耳鼻口，打做一块血肉，则此人果何所为恶邪？又令性脱于躯壳，则此果为恶之想否？

盍试一思之。

嗟，是何等僻论！一斋居然有这样的理论。求恶之因而不得之，去耳目鼻口四肢，为去恶之根本。甚至归空空寂灭，以至后言无恶。凡人之意，有为善为恶之可能性。故要奖善惩恶之教训。且五官是末，欲必不为恶，何必去掉五官，而不为灭欲去恶之工夫？

善恶之起源

一斋进一步论述善恶之起源，曰：

性禀诸天，躯壳守诸地。天纯粹无形，无形则通，乃一于善而已。地驳杂有形，有形则滞，故兼善恶。地本能承乎天以成功者，如起风雨，以生万物是也。又有时乎？风雨坏物，则兼善恶矣。其所为恶者，亦非真有恶，由有过不及而然。性之善与躯壳之兼善恶，亦如此。

理论愈来愈奇特了。以性为纯善，来解释恶的问题，孟子也难为之。孟子在《告子》之篇，对告子及公都子提的问题难以回答，避免正面交锋，或顾他言，或错杂以譬喻，以弥补一时之漏缝，此乃不掩之事实，是孟子穷于应答之佐证。

生死观

通易理

和许多长寿的儒者一样，一斋亦在晚年熟读《易经》，故他对易理有非常深远的理解。其生死观几乎全部得于《易经》。他说：

> 生是死之始，死是生之终。不生则不死，不死则不生。生故死，死亦生。生生之谓易。即此。

又曰：

> 凡人忘少壮之过去而图老没之将来，人情皆莫不然。即是竺氏权教之处由以诱人。吾儒则在易曰，原始反终，故知死生之说。何其简易而明白也。

此说最为正确。人鉴于过去之经验，揣摩将来之形态时，回忆过去而轻之，预想将来，因为直接相关于一身之安危而重之。佛家虽说后生，但吾道不谈此。如熊泽蕃山，便没有关于未来的奇说，一斋也重视今生。

大悟大彻

所以他说："欲知死之后，当观生之前。昼夜生死也，醒睡死生也。呼吸死生也。"又曰："斟海水于器，翻器水于海，死生直在眼前。"虽仍论生死之语多，其意皆同。达观生死一事，为学者要务。若不明生死之理，临大事不免狐疑之丑，这在王学上特别重要。

宿命论

儒教并非不说天命，但也不是无限制地主张之。然而根据一斋之言，百事皆有定数，丝毫不能用人之意志。其言曰：

凡天地间之事，古往今来，阴阳昼夜，日月代明，四时错行，其数皆前定。至于人，富贵、贫贱、死生、寿夭、利害、荣辱、聚散、离合莫非一定数，殊未之前知耳。譬犹傀儡之戏，机关已举，而观者不知也。世人不悟其如此，以为己之力足恃，而终身役役，东索西求，遂悴劳以毙斯，抑或之甚。

极端宿命论

如此论尽的话，一举一动皆宿命，丝毫没有人之意志自由，可谓一大僻论，本不足取也。如此之言，不仅在教育上有害，及有害于百般之事。若有如此误解，人应该根据什么才能耐忍克己成就事业呀？

自由意志和宿命论

方今发现了许多自然规律，遂出现了什么都可以人为的趋向。反对者则大多主张人的意志自由。此两论者，虽不免趋于极端，但各包含一部分真理。然如一斋之论，使人走向卑劣之甚。若悉有定数，自己之力全无用的话，人作为万物之灵被尊重的理由，又有什么存在价值呢？一斋的这个说法，难道不是根据阴阳日月代谢、四时错行来的吗？以之直接运用于人的行为，太过分了吧。

《言志录》

一斋天资英迈，由少至耋，努力推明大道之源，壮年著《言志录》一卷，逾耳顺时著《言志后录》一卷，七十岁著《言志晚录》一卷，八十著《言志耋录》一卷。世间称之为《言志四录》。一斋学术之造诣，可从此四卷全见之。

门人

王学大兴

出自一斋之门者极多。而承其之王学者，有吉村秋阳、山田方谷、奥宫慥斋、池田草庵、中岛仲强等最为著名。大盐中斋、春日潜庵不及其门，唯以音信问语而已。

著作

《言志四卷》之外的其他著作如下：

一、古本大学栏外及摘记　　　二、传习录栏外书

三、王文成公古本大学序文副注　四、周易栏外书

五、论孟栏外书　　　　　　　六、近思录栏外书

七、九卦广义　　　　　　　　八、孙子副诠

九、吴子副诠　　　　　　　　十、爱日楼诗文集

第十四　吉村秋阳

略传

吉村晋，字丽明，号秋阳，称重介。安艺国①广岛人。父亲三左卫门，本姓小田氏，出嗣于吉村氏。幼年从师读书。年甫十八，游京师，及壮又游江户，入佐藤一斋之门，经年而还。还后又回访过两次。

事业

佐藤一斋虽是阳朱阴王主义，秋阳继承他的王学，始终遵守不渝。唯期间矫弊归正，动静一致，而以静为入手之要，可谓善学者。吉村氏世代仕于安艺国老三原城主浅野氏，秋阳以学之明被擢拔，为学舍助教，其后任教授。始居于广岛，晚徙于三原。又曾应聘于长府及多都津，出游其藩，二侯深加礼敬。诸邦人士，执贽问业者接踵而至。亦可见秋阳之德与为人。又曾适近江小川村，谒藤树书院，讲《古本大学》，据说村民有听之痛哭流涕者。庆应寅年（1866）冬十一月十五日殁，享年七十。友人草庵池田缉作其碑铭，义子斐山吉村骏作其行状。

订交之士

秋阳订交之士，有池田子敬、大桥周道、林良斋等。斐山能嗣其家学，

① 安艺国即今广岛市一带。

于王学其功不少。其著有遗言类记等行世。

教学

秋阳天资警敏，风格沈毅，师从于佐藤一斋闻姚江之学，研钻愈精，而终有引以为自信之处。然平时教弟子的，大多为《朱子章句集注》，谆谆讲学，必竭其蕴底。至姚江之书，如果没有学者笃信恳请的话，则不敢妄讲。

学问之要

以为学问之要，在于去人欲存天理而已。即能在此处相同的话，则从此入门下手；或虽有不同，也不失其相同之处。量学者能所及之处而尽力，择而从之。又谓："姚江之学乃如利刀，不善用则不伤手者希也。"

三戒三功夫

又曾谓："余平生自警者有三，一不落于训诂之陋，二不立门户之见，三不赖知解之精。"

又曾有论工夫三说：一曰求静于动之上；二曰动静合一；三曰下手由静。平时专务实践，不敢为过高之说，持己则坚苦刻厉，而心不设城府。人有过失的话，必面责之。亲戚故旧皆严惮之，常以变化气质，为自修之要。

病中功夫

晚年温蕴有容。生病时则静养和默，神气不耗，及接人时，言语和平日无异。曾曰："一息尚存，学而不已，自来间中，气象却觉好而已。"又对门人弟子曰："惩忿塞欲，迁善改过，以内省至不疚，是用吾学之功之始终。今殆庶几？汝务其旃。"

秋阳著作丰富，诗文甚多。遗稿之末尾附语录，其数二十有六，足见其造诣，应该通读。现在其遗稿中，特举同王学有关二三者记之。

王文成公传本序

古圣人立教之要，由父子之亲，至于朋友之信，其目有五焉。学也者，使之，不过学此而使之各得其序也已。盖为人之学也，虽有诸德百行，而要其归，则固不出乎五者之所包括。而五者特为之纲也。是乃道之见于事者矣。然而其然其所以然，则天叙天秩，本乎夫之人方寸一点之灵明，自然而然，非强有之也。故学焉而得其序者，即求之于我，而复夫自然之天则也。所谓灵明，一也。自命于天而有性之名，自主乎身，有心之名。而其蔼然者，谓之仁。肃然者，谓之义。粲然昭然者，谓之礼，与智而一也。良知，良知即诚也，天之道也。致之即思诚也。由虞廷之精一，孔门之博约，与夫之戒惧慎独之教，存养省察之功，皆致我良知而止耳。知既致矣，乃五者得其序，而万事从之。天则于是乎全。故致良知之训，所以直剔抉骨髓也乎。后之从事于学者，或有不然，训诂之精，记诵之博，文辞之富，器数之详，以是相是非，以是相竞辩。支离局束，茫茫荡荡，溺而不返，嗟乎。孰谓圣人之学，而为角伎俩弋名利之具乎哉。夫道器一也，理无二致，而其间自不能无本末精粗之次第。苟本诸心，而施之天下之务，则此数者亦何可废也？若夫外心而专求之，则惑矣。是秦汉以来之大弊也。至有宋诸大贤，辟而廓之，然后圣学之旨，皦如天日。其曰主静，曰穷理，曰居敬，曰先立大者，言虽异也，意则同矣。其所以教人，即其得力处则诚非成己成物之道耶。迄明中叶，余姚王子出焉，更揭致知之二字，以示圣学之全功，简明剀切，复无余蕴矣。人实有为己之志，而后知其言不我欺也。然则世之呶呶者，只以自病焉。予每读公之传，辄慨然以谓，公固百世殊绝之人物，所谓三不朽之存乎其身，皆莫非良知之妙用之实验矣。

然而顾奉公之教者，则往往失立言之旨，谓籤口舌，谈过高。既入猖狂自恣之流，然其事亲从兄之际，犹且不能得其宜。奚论其他哉。此其于公之道，真入室操戈者，盖有志之士，览此传，将有所感发兴起。而彼不善学者，亦实有耻而后乎实也，则知其裨益于世教弗浅也夫。

此一篇，可见秋阳于王学之所得。初叙人道之大本，归之于良知，次及学统，其正归余姚之学。文虽短，然旨趣浓厚，是秋阳心血之点滴，岂能轻轻看过？

元旦试毫

秋阳曾在元旦试毫诗中曰：

斯心本圣贤，不省作凡夫。

须识危微处，昏明已别途。

摘要

又曰"一毫懈心之生，即百恶所丛"，可见戒慎恐惧之状。其之示悟法，曰："修中自然悟，是我道中之真悟。若外修而求悟，所以流于猖狂也。"

又讲学曰：

心之官则思。斯思非着事之思，与于感应，故有断续善恶之不齐，心官自然而一焉。无思而不思也，但不自觉，因以自昧耳。是以君子贵乎学。

本　论

秋阳教义的奥妙在于："致良知者，动静一致，必须以收敛凝一为入手。"

著作

一、格致剩议　二、大学剩议论

三、读我书楼遗稿　四、汪武曹四书大全校点

五、儒门语要　六、战国策纂定（八卷）

七、王学提纲（二卷）（取姚江诸说尤为平易简切者，以为家塾之模范。今欲入王学者，首先由读此书开始。）

关于《格致剩议》，吉村秋阳和大桥讷庵曾有讨论，乃至往复问难数回，颇为详细。然其文冗长，今不能揭之。文书悉在《阳明学》杂志①上有登载，可一读之。

---

① 指吉本襄1896年（明治二十九年）7月5日在东京创办的名为《阳明学》的大众通俗杂志，半月刊，每月5号和20号出版，办到1899年的第80期废刊。

第十五　山田方谷

略传

山田球，字琳卿，通称安五郎，号方谷。备中①哲多郡西方村人。文政二年（1819）二月二十一日生。自幼隽秀，九岁入丸山松阴之塾，学习程朱学，兼学诗文，开始崭露头角，被称为神童。

十四岁述怀

其十四岁时述怀曰：

> 父兮生我母育我，天兮覆吾地载吾。
> 身为男儿亦自思，茶茶宁与草木枯。
> 慷慨难成济世业，蹉跎不奈隙驹驱。
> 幽愁倚柱独呻吟，知我者言我念深。
> 流水不停人易老，郁郁无缘启胸襟。
> 生育覆载真罔极，不识何时报此心。

由此可见其立志之远大。成年后丧父母，归治家务。不久为松山藩主板仓公所知。历任藩学会头等，时年二十五岁。

---

① 即今冈山县。

修学

在职二年，请游京师，结交了寺岛、铃木、春日等诸儒。后遂来江户，跟随佐藤一斋学习王学，结交佐久间象山、盐谷宕阴等，研钻约八年而归。方谷曾同春日潜庵论王学，议论痛快，颇有见地。

主张格物

现摘录如下，以示其意：

> 伏读来谕，娓娓数百言。推明致良知之旨，问我合符王氏之意否。如我之所见，则有不然者。王氏之学，以诚意为主，致良知，即只是诚意中之事而已。然而必以格物配之。盖非致良知，则不见诚意之本体。非格物，则不以为诚意之工夫。二者并进，后为意诚。今足下之言，专致良知，不及格物，则异于王氏之学。虽然如此，其过并非独始于足下，世间唱倡导王学者，务虚说，遗实功。屡见其之王氏言致良知。哄然雷同，一日亦致良知，二日亦致良知。良知之说胜，格物之功废。夫良知之说简高，格物之功切实。简高者，恍洋茫荡，易遁避；切实者，缜密严固，难坚守。避难就易，人之常情。应该骎骎至此。云云。

方谷的教旨

方谷说，王学之精髓在于诚意。致良知，原本只是诚意中之事。又称缕缕格物之功。方谷的根本主义，在于致良知与格物并修，而欲达诚意。阳明子的四字诀，可见格物与良知并举，方谷之说亦颇有可取之处。世间藉致良知之口，务虚说之辈，切应猛醒。

事业

治绩

方谷由江户而归，被任命为藩之学头，赐禄六十石。方谷学殖已富赡，熏陶亦殷勤，一藩弟子，靡然向学。其亦另外开设家塾，远近学徒来学者颇多，不下百人。弘化元年（1844），方谷为板仓松叟公世子侍读。世子知其可用，承袭封号后，拔擢为度支。方谷在知行合一之旨方面造诣颇深，最长于经世之术。当时承历代之宿弊，负债山积，出入不相支。方谷对内鼓励有司，省约冗费；对在外晓谕债主，延长偿期。且此时纸币滥出，价格大减。方谷乃烧其过半，使其复原价，更新币制，以资融通，方便了下民。又谕大阪及封下富家豪商，止金谷积聚之专柄，严禁私谒苞且。方谷后兼郡宰，倍革民政。绝贿赂、禁奢靡、设乡校、置储金等，改革之处甚多。教化普及，风俗亦为之变化。

宛然有蕃山之经纶

方谷辅佐施政之处，有的放矢。演练西洋阵法，购买军舰等，皆与其规划有关。后禄加百石，任参政。安政中叶，主公将要害之地分置于藩士之贫者，垦田练兵，以备易变。时众人居城久矣，其深意得不到理解，士心惶惶。为此方谷亦请归住乡里，闲暇时督僮奴开荒。士情于是安定，其事以至终行。该事其实原本出自方谷的建议。

文久元年（1861），板仓松叟公为寺社奉行，后为老中，召方谷为顾问。方谷时有疾，勉强东下就职。方谷辅公，斥邪援正，颇有参谋之功。雪藤森天山之冤，使之归江户，将大桥讷庵从监狱放出，得死其藩邸。修耸赖三树以下的毁碑等，皆得方谷之力。

此时，外国军舰来请通商，大藩互弄势威，幕政不举。方谷已辅板仓公，欲大行改革。乃拜见春岳、明山诸公，又结交横井平四郎、桂小五郎等诸多名士，百方周旋。曾给一幕吏举将军上洛之典，以之论表君臣之名分。幕吏非之，方谷慨叹终夕不寐。庆应四年（1868）冬，大将军奉还大政。公以密书问善后之策。方谷献策，言将来之趋势。其要旨云，以恭顺勿背大政奉还之素志。公嘉纳，而聚议沮之，遂有第二年春天的"伏见之变"。获罪于朝廷，实为遗憾。

以身相争

后王师来讨伐松山藩，公适在外，诸士疑其矫诏，拒而欲战。方谷老臣等不首肯，派三岛毅等迎谒镇抚使。镇抚使征谢罪书。其草案中，有"大逆无道"之四字，方谷愤慨曰："吾确保公万万无此事，若能除此四字，我愿伏刃。"毅等号泣哀诉。镇抚使感动，遂代以"轻举暴动"四字。及于任板仓公老中十年，东奔西走，无听藩政之暇。而藩封之民，得安乐就业，皆是因方谷参辅之力。

晚年

闲谷学校

方谷年老，厌倦世事。嗣子守其田庐，身寓于备中刑部山中。而四方来问业者亦数百人，有应备前藩人之聘，往闲谷学校督之。闲谷学校为藩祖芳烈公所创建。闲谷之地离藩山很近，山下有熊泽氏之宅趾。门人为方谷在此结一小庐，为游息之处。

追慕蕃山

方谷每至此，景慕蕃山之遗风而忘归。方谷在板仓松叟公，犹如蕃山之于池田方烈公。国之大小不同，故事业也有大小之差。但方谷之学术经济，与蕃山相比毫无逊色。明治十年（1877），方谷因病终于刑部山中之寓，寿七十有三。

雅怀

方谷为人广阔丰伟，豪迈而有智略。于阳明学造诣很深，以事功为第一要义。方谷有雅怀，每逢雪花风月，即使早晨深夜职掌职务之时，也必叩同好之门，以吟酌而乐。最爱梅花，培植环庐。及其花之佳时，虽有公事也谢而不出。

门人

方谷诱掖后进，孜孜不倦，家塾最多时至百余人。乡人信之如神，门下躬行之人甚多。方谷有遗稿三卷，传于世人。

第十六　河井继之助

略传

河井秋义，通称继之助，越后长冈①人。文政十年（1827）正月元日生。秋义幼时豪放而不勤于学，稍稍成长而折节读书。然而不修文章训诂，唯解大意。至会心之处，则反复朗诵，终身不忘，常以经世自期。武独好炮术，锻炼自得，命中如神。

游学

年二十五时，始游江户，学于斋藤拙堂、古贺谨堂、佐久间象山诸士之门。此时美国军舰来浦贺，希望开港通市。幕府处之不当，失去时宜，海内骚然。藩主擢拔秋义为参政属。其归藩后有自己的计划，但与执政不相容，遂辞职，自鬻田园，募集勇士，南上卫藩邸。随后准备出发，执政不许。欲学兰书，以知外情，有故而不能实行。安政戊午（1858）年，父亲引退，承袭其禄一百二十五石。

入方谷门下

次年再游江户，翌年游关西，去备中从学于方谷山田球，承阳明良知之学，居约一年而深服之。曾对友人谓曰："吾虽历事诸家，不知其学如

---

① 即今新潟县长冈市。

何。至活用事业，则无若我方谷先生。"遂游长崎，接触洋人，探听外国情况而归。云此秋义得之甚多。

文久年间中叶，藩主成为幕老，召秋义为公用人。秋义知时势之不可，所以劝主辞职，而未被采用，乃自辞归藩。藩主亦罢。秋义从此开始舞文弄墨，耽于弈棋，或豪游而触藩禁，大概皆因愤世之余而出。时幕府出兵伐长州，秋义私下叹曰："恐吹毛求疵也。"庆应乙丑年（1865）夏，苅羽郡的民众啸集而起，逼近城下。藩主命秋义镇压之。秋义提十字枪，单身进入人群中恳谕。谕毕瞋眼，厉声曰："若不从，先杀我而后进，我亦挥枪挡之。"众人相顾逡巡，遂谢罪散之。

知遇执政

执政始知秋义之才可用。这年冬天任之以郡奉行，后兼町奉行。遂由参政升为执政，前后改革之处甚多。设惩役场，废妓馆，免除信浓川之船税，改士禄使之上下无大差。抑阀阅，戒奢侈，励文武，赏罚严明，令行禁止，士气大振。又长于理财，仅从政两年，府库充盈倍增。丁卯年（1867）冬，德川氏奉还大政。秋义奉藩主西上，上书论其不可，而不能报。先于伏见之役①前两日，谏德川氏止兵，亦不能听，叹曰："时也，命也，海内从此乱矣。不若退封抚民。"后东军果然败绩。秋义拥主到江户，撤离府邸归长冈。时为明治元年（1868）戊辰三月。闰四月，萨、长诸藩②奉敕征奥羽，一军由越后而进。会桑诸藩出兵防之，遂迫近长冈共同协力。秋义峻拒之，自己封疆以待征东监军。

---

① 又称鸟羽伏见之战，交战双方为支持明治天皇的新政府军和支持德川幕府的军队，发生于1868年1月27日到30日的京都南郊之鸟羽、伏见一带，战役以新政府军的全胜告终，标志着戊辰战争的开始。
② 萨指萨摩藩，长指长州藩，是明治维新中支持明治天皇的主要藩阀，其军队构成新政府军的主力。这一节讲河井率领长冈叛军对抗所谓王师的战斗。

进退之机

王师来驻于小千古，乃撤境兵，身着礼服，单骑驰谒曰："今日为如何之时？外国窥四边，岂能自毙于内战。愿让我藩自守养民，他日再图报效。"监军原本就对奥羽有疑。悃请一昼夜，终于不听。乃归来，和同志商量曰："吾今自刎，请附首级以三万金，献于王师，以表赤心，则长冈或免。"此请没有得到大家的许可。

并非王师

时王师既侵略封内，秋义乃愤然决意曰："我恭顺不敢抗拒。然而突然来虐我无辜之民，其只是萨长之贼，不是王师，不能不拒之。"藩主乃以秋义为藩兵总督。开始和会桑一起盘踞榎岭，防战十昼夜。萨长兵不能进，另遣一军袭长冈，五月十九日攻陷长冈城。藩主逃往会津。秋义召集散兵于加茂，奥羽诸藩之兵亦来会合。遂进而在今町阻击萨长兵，使之退走。兵气颇振。乃在见附设置牙营。萨长兵既据长冈，互筑胸壁，连亘十数里，横断北越，日夜炮战，胜败不决者五十余日。

激战

城北有大泽，曰八町，时长时间下雨，洪水泛滥，萨长兵解除警备。秋义乘暗夜，遣人夜测水量，乃架栈道于芦苇之间。而转于山中设阵，预先决定部署，蓄备材薪。七月二十四日，水减栈道成。乃报之于奥羽之兵，自己率死士四百人，冒夜渡泽，八面放火，鼓噪攻城。城兵狼狈不战而溃。天明，光复长冈城。适萨长兵亦期此晨，大举进攻牙营，预先在见附布置精兵。见城中之烟焰而惊骇，返回攻战。藩兵当之颇为困难。

战殁

秋义乃驰援，左脸中了流弹，骨碎复不能指挥。而奥羽之兵从背后入城破萨长兵。萨长兵四散退于数里外。然而城内士兵闻秋义重伤，士气大为沮丧。后来萨长收拾败兵，卷土重来，于二十九日四面包围而攻，城池再次失陷。萨兵由此侵入会津，所向无前。世人谓秋义如不伤的话，则平定东北不知要再花费多少岁月。秋义在会津山中疗伤，不愈，于八月十六日殁，年四十二。

性行

秋义头大面方，眉秀眼凸，闪闪如电，如怒则眦裂，人不能仰看。天资英敏明决，一见洞人肺腑。排奸佞，不避尊贵，爱忠良，不遗卑贱。自信最强，不顾生死，不问毁誉，事期必成而措置缜密。克艰耐楚，言论爽快，能辨是非，一座屈服。平生讲李纲（忠定）、王阳明之文。曾在古贺谨堂门下每日手写《李忠定文集》，佐久间象山题签之。《王阳明全集》为山田方古所藏，请而购之。大概是喜欢两书之言涉及经世，有涵养志气之功。

事功家

王学所贵之处，在于知行合一。胸中虽藏万卷之书，亦只是书库，不足为尊。王阳明曰："未行之知，不足为真知。"学问事功并进合一，是为阳明学之主脑。河井秋义身为一藩总督，设令其远大之抱负虽不能成，事业赫赫已铭在金石，亦不应以为王学者耻。秋义仿佛有李忠定公之风。学王文成公，又兼文武。唯时骚乱之时，苦于知去就。秋义以赤心护封民，献身勤王。精忠至诚，如严霜烈日。

碑铭

三岛中洲①曾为之作碑铭，其词曰：

忧国谠议，忠定奚耻。

学儒善战，文成唯似。

时乎不幸，遭此乱离。

唯护民已，何避躬危。

唯防战已，何犯王威。

礧磊心事，天知地知。

至刚决心

秋义经常说："大丈夫应该有为虎狼而食人，为牛羊而被人食的决心。"又曰："大丈夫如不常存埋地下百尺之心地，便不足为事。"以此亦可想见其刚迈不羁之气象。

---

① 三岛毅（1830—1919），字远叔，号中洲。日本近代著名汉文学家。山田方谷的学生，1877 年创办汉学馆二松学舍。历任东京师范学校讲师、东京大学教授、宫中顾问等。

第十七　金子得所

略传

自幼非凡

金子得所，讳清邦，又名谦，字鸣卿，人称与三郎，后更为六左卫门，得所是其号。

金子世代仕出羽国上山藩①主松平侯。幼时温淳谦让，与群童游戏，退避而不抗，人或以为鲁。然好读书讲武，论古今治乱兴败，着着中窍穴，识者暗期大成。

游学

年十八游仙台，师事平泉大槻氏，居三年后游江户，入昌平黉，又从游诸大家，深信阳明子之学，因多受佐藤一斋熏陶，常以实践躬行为主，用心于当世之务，最尊崇王室。

---

① 即今山形县上山市。

事业

矫正弊风

得所学业既成，于弘化四年（1847）归藩，担任徒头，为明新馆都讲。时太平之余弊，文恬武嬉，奢华风盛。得所深慨之，屡屡有建白之处。其文恳挚激昂，一读动人。平素蓬鬓弊袴，不拘古格常礼，专务野扑忓俗，不识者以为狂。

尊王之志

嘉永中，美国之使节来，舆论澎湃。志士多入京窥候天意。得所亦有缘于京绅，侧奉拜龙姿，暗喜，其诗曰："草莽之臣名是谦，天颜咫尺拜余光。"是以尊王之心日切。遂游历近畿及北陆、山阴、西海、南海诸道，遍交儒生志士，听时论察世情而归。因偶然坐事被禁锢，忧时事不能自胜，暗中通过藤田东湖，献书于水户烈公。

感化

解脱禁锢时，先考清成引退，袭家禄八十石。得所率先演武，铸巨炮，筵剑客，不吝钱财，衣食屡屡晏如空，一藩感化，士气振奋。藩主知其可用，安政四年（1857）为世子之傅。得所乃使世子就学于安井息轩、盐谷宕阴二氏受经书。当时诸侯之世子就外师时皆以此为嚆矢。翌年，世子既达志学。得所让之劝藩建筑一室于城中，与家臣之子弟同寝食，讲习文武，如一塾舍。此年冬，兼任物头。

经纶

万延元年（1860）被拔擢为侧用人，兼参政。得所乃将封地划为六乡。每乡置教道三人，说孝悌，劝农桑，赈贫穷，贷米金，又设徒刑厂，教导刑人等设施颇多，久之君德遍布，民风渐改。文久元年（1861）巡视越后别邑，行养老之典，历访草莽儒士之庐后还江户。得所交往四方诸名士，慨叹幕政之非，诸事皆唱尊王攘夷之论，而得所则欲使幕府行尊攘，其说稳当凯切，名声重于一时，尤其与山田方谷意气相投，议往来国事，几无虚日。

大举藩政

后来朝廷下攘夷之敕，幕府因循，不急奉之，海内激徒愤慨，民情骚然。得所周旋于其间，颇有救护之处。激徒或不插，认为其为一阿谀幕府者，屡欲暗杀之，藩主众臣恐其伤，恳谕归藩。庆应二年（1866）晋升为中老。这一年封内遭旱灾，得所扈从在大阪，遥令藩吏筑大池于忠川，穷民从役，获米钱而免饥饿者甚多。之前得所多设社仓于乡村，至此大为赈恤。平常节用充实府库，时虽多费，未曾增税，封民感恩，争献钱谷，邻藩皆推其治。庆应三年（1867）德川庆喜辞大将军之职，退居大阪，阻隔江户，物情骚乱。藩主急命得所南上，会浮浪之徒，集据萨邸，乘夜出掠，市民不安于业，十二月二十五日，德川氏命庄内、靖江、上山三藩剿之。贼防战力竭，冲上山之兵而走，得所时侍主侧，榴弹贯左腹，创甚重，抬而归。藩主悲骇亲临视之，直命列执政赠禄米一百三十石。德川氏亦遣侍医诊之，盖为特典。二十六日，伤重遂殁。葬于芝二榎松光寺之茔。享年四十有四。

呜呼，得所入则参政，出则为国家议论划策，当时被称为奥羽人士中之巨擘。不幸中道毙于非命，惜也。得所之学问事业兼备，可谓完成知行合一之教旨者。（前文叙述事实，依据三岛中州所撰之得所碑文。）

碑铭

中洲三岛毅的碑铭曰：

躯癯而皙，颅锐而秃。言则恳恳，神感人服。

吾知其人，恍惚在目。至诚忧国，弗激弗阿。

尊王佐幕，期在协和。协和御侮，斯安皇国。

吾知其心，曷论其迹。

第十八　奥宫慥斋

略传

奥宫慥斋是土佐①王学之鼻祖。慥斋名正由，字士道，二十一岁时游江户，入佐藤一斋之门。留学二年，专受阳明学，深有所得。因而说道："阳明学是圣学之正宗、孔孟之真传。"

圣学问要

既归国，以振兴王学为己任。二十三岁初著《圣学问要》，大举王学。以为此书是为圣学之顺序，论述工夫的著作，初名"为学端的"，后再三改稿，遂为今之名。

土佐之王学

其后，慥斋复游佐藤一斋之门数年。业成后归国，垂帷继续宣扬阳明学。自是日渐隆盛，远近之士人争相入王学。

---

① 即土佐藩，今高知县。

事业

交游

安政初年，愧斋被拔擢为藩之儒官，为藩主山内丰范公侍讲，经常随行往来江户。山内容堂公曾受到幕府的严厉谴责，蛰居在品川藩邸，愧斋常侍左右，辅其讲学。后访一斋，逐渐得到王学之蕴奥，又与若山勿堂、安积艮斋、河田琴溪、大桥讷斋等诸前辈往来，上下共同论学。后来藩里建致道馆，愧斋任教授。然当时之风气，公开只能讲朱子之学。加之此时大盐中斋举兵，一般忌惮阳明学，甚至骂之为谋反学。然世之迷思渐解，王学放其光芒。其著述有《周易私讲》《古本大学私讲》《庄子一家私言》《诗经俗解》《古史略说》《日本书纪私讲》等，其他著作也很多。

门人

愧斋的门人中，最有名者，以故枢密顾问官尾崎忠治为首，另有淡中新作、丁野远影、中尾舍吉、北代正臣、小畑美稻、门田为之助、川尻宝岑、坂本则美、弘田正郎等。而最早承其学业者，有淡中新作、南部静斋、都筑习斋、奥宫存斋等。

存斋及岩治

特别是存斋，为愧斋之弟，是对土佐王学功绩最多之人。还有末弟奥宫岩治，入春日潜庵之门，大为致力于王学，不幸短命，遂不能为一家。

定论

所见阔大

慊斋之学说，至晚年变化甚少。其谓："学究宇宙之真理，学人为人之道理，不可标榜程、朱、陆、王之门户而互立宗旨。"其所见，最为阔大，和汉古今、神儒佛耶打为一团，而慊斋在王学中专喜王龙溪之说，这是因为其性质之高朗聪敏吧。

（1）尾崎愚明

尾崎忠治，号愚明。旧土佐之藩士。资性忠厚，风骨清秀，为真正模范的大人物。幼时入奥宫慊斋之门，修养磨炼，大有所得。后历任诸官，至枢密顾问兼议定官之显职。

愚明翁对王学意见之一斑，可见《五十名家语录》而得知。现摘记其要领如下。

王学之要：王学之要在于实行，故云学之，恐不当，毋宁说行之更为妥帖。

王阳明之伟业：唯阳明先生之毕生伟业，有擒宸豪、征服不教顽刚之贼，平定之实，盖为其次之伟业。应知先生和纷纭记诵辞章之徒，其撰完全不同。

人生之快事：阳明先生年十七娶妇人诸氏，在结婚之夕，先生不在家，因为其夜不能举华烛之典。翌日，派人四方寻访，搜其行踪，发现在山中与道士论谈。先生曰："昨晚将归家之时，有幸与道士邂逅，谈论入佳境，忘却余事，终烦卿等而至。吾每想此一事，就不知不觉地感觉未曾有过的无上快意。"

一诚：百千之术数终不如一诚，当术以术更无所极，出愈繁而迷愈深，为索人间之真价，欲尽归之是为今日之现状，俾斯麦、格莱斯顿等能人之所以伟大，之所以有成，是因为脑里只有一诚。

翁又常对人曰："六尺男儿，不与国家相关的话，即为学者也是没有什么用处的。"亦足可窥公之抱负。

（2）中尾水哉

中尾舍吉，号水哉抑或天行轩。高知人。曾侨居广岛，任宪政党支部长。资性质直，最重气节。言动风骨，宛然如古之武士。素来奉阳明良知之学，又深为钦佩大盐中斋之遗风。往年编纂《洗心洞诗文》，且作中斋论传，载其卷首。又作《传习录抄傍释》，简易明确，如其为人。水哉曾有句曰"语默法言身法身，醉醒何处不天真"，可见其气品之一端。

山崎勇三郎是笃学之人，曾尽瘁于教育事业，为之耗尽资产。尔后愈来愈励学德，苟不为世容。识者窃高其行。中尾水哉豪迈不羁，谁也不推崇，而评山崎氏曰："山崎勇三郎氏，学识拔群，知行合一，天下无比。"亦应知其为人也。

（3）中江兆民

兆民居士为土佐人。曾入奥宫慥斋之门，承良知之学，稍有所得。又兼窥禅学。居士气品自如禅脱俗尘，其言宛然如大彻大悟，盖此得于斯学甚多。

阳明学之性质

兆民曾评阳明学曰：

> 阳明学是良知之学，尊知行合一，以事功为第一要义，所谓活用之学。然而阳明学毕竟不外乎是禅学。王阳明世间罕见之伟人，文武之功赫赫，在中国学者中能有几人？中国孔孟之教义极盛，然后世儒者多拘泥于章句仪式，不努力于紧要之功。王阳明以此施救济之策，

先避禅学之名，将禅学同化于儒学而传播于世。故其骨骼是禅学，其装饰为儒学，如从方今科学上加以非难的话，也不是没有缺点。但即使是西洋哲学，由今追溯到百年以前而追讨之的话，则不完全之处也很多。

纯粹主观性的

大凡物有主观客观的差别。阳明学是彻头彻尾的主观论，以良知为主，强以科学解释的话，则有根本上的错误。余虽好禅学，入禅学者，往往会产生厌世的倾向，遁入山林岩穴，恬淡无为，陷入焚香弄花之风，顿失进取之气象。这原本不是禅学极意。禅学云所谓动中之工夫，与其隐遁于山中深林去空想，还不如在新桥柳桥之酒宴游兴之席下工夫最好。上自大臣，下至门番，其他绅商肆丁，各务其业，可充分凝其工夫。然而是为大悟大彻者所得之处，其之未达此以前，常倾于蛰居于山林之中。这不是禅学之罪，而是未达者之罪，是所谓弊端。

青年和阳明学

故禅学对以进取发达为纲要的青年来说，是一种障碍。然而，虽同为禅学，阳明学专于事功，富有活气，故相信对进取之力强盛之青年来说，是最适当的学问。

第十九　池田草庵

略传

订交

池田草庵，名缉，字子敬，草庵为其号。但马人。游江户入佐藤一斋之门，受阳明子之学。既业成，故乡垂帷教化子弟。其所交往之士，有大盐中斋、吉村秋阳、春日潜庵、奥宫慥斋、林良斋等。曾著《古本大学略解》及《尚书蔡传赘说》上下二册及附录一册。

朱王二子之功

下面根据其《古本大学略解》之自序，论述其意，足以见其学说之一斑：

《大学》经过程子的表彰后，朱文公继修其说，考订其文，并为之补传，然后其书大定。及明之王文公出，则疑定本之是非，一切返旧之，而以致知之知为良知。

又曰：程子开始表彰之，其识甚高，然其说未备。朱文公乃参考诸说，商榷训诂，直至易箦之前而后止。其用力谓之勤也。然而其改变位置之处，未见必从之意。

致良知恐非《大学》之旨

且其补充的格物穷理之说，指挥抑扬之间，骎骎然自启一种支离之弊。于是王文成公起而救之，其功甚大。然其所主之致良知之说等，亦恐非《大学》之本旨。

又曰："噫，余一名书生，岂敢谓自决先贤未定之疑案乎？"特别是生于其数君子之后，得以烂熟之失而论之。合并为公的话，或可以得其本旨乎？

该略解于明治三年（1870）庚午秋八月上梓。草庵以乡先生自居，以育英自任。

第二十　中岛操存斋

略传

中岛仲强，讳建，通称衡平，号操存斋。筑前①人，文政五年生于秋月②。幼时颖悟，奉藩主黑田长元之命，受学于佐藤一斋。留学四年，苦思精研，所见大进。一斋曾曰："塾中之诸士皆能勉进，独中岛某左思右考，似不以事为事。而其心中特苦，人不能睹之而已。"

奇士

一斋门下，受业者众多，高足大桥讷庵、吉村秋阳等辈出，独称仲强曰："仲强之所见爽俊，可谓奇士。"

之后又往安艺，向吉村秋阳学习文学二年。秋阳待之以友礼。二十四岁归秋月，为训导，累进为助教，进中士之列，后又兼监察。为人强敢任事，英飒之气，射人之心胸。人或不堪而谤议四起，漠然不顾。遂以不遇而终身，悲哉。凤为国事忧，平生报豪迈往之志。

评王学

其笃信阳明子之学，以聂双江、罗念庵二人为姚江之嫡派。常曰："吾

---

① 即筑前国，今福冈县东部一带。
② 即秋月藩，今福冈县朝仓市。

人浮气消索见本体。"阳明、双江、念庵诸公，亦由此点证而来，大抵斯学唯聪明之人，方能担当，而因气力甚累。

晓得

曾一度大病，甚危，病愈后对门人谓曰："予病之急时，精力全然消尽。而胸中一点，炯炯小明甚觉爽然。但恐些子灵明容易消灭去。此即独知，从此养起，即是慎独。平日所讲之处，今日渐渐自信。"

初由江户归时，每日取《古本大学》《传习录》二书潜心熟读，十数月目不肯看他书。久之怳然有所悟。于是历览他书，了了然所疑之处。

第二十一　林良斋

略传

以无我为主眼

林良斋，赞州①多度津人。为赞歧的王学鼻祖。其相交之士有吉村秋阳、春日潜庵、浅田草庵等。曾给春日寄书曰："圣人之所以为圣人者，只是无我，而吾人独知一点，天机自然，人力得而不与，则本亦无我也。而其工夫只有慎其独耳。"

其著有《自明轩文集》一卷传世。

---

① 即赞歧藩，今香川县。

第二十二　东泽泻

略传

东正纯，字崇一，号泽泻，生于周防岩国①。自幼精悍致力于学，初与二宫锦永、玉乃世履等诸士应酬于辞藻之间，夙博英名。此后，负笈游佐藤一斋之门。

触碰灵机

时一斋已年逾八旬，难于点化众生。然高徒则有安积艮斋、大桥讷庵、吉村秋阳、山田方谷、池田草庵等。泽泻专潜心于王学，遂能触其灵机。先辈诸士辅仁之益虽渐少，多得于自修。学业既成，归藩而登上仕途，余暇时熏陶子弟。

结成敢死队

维新前于时事有所慨，纠结门人结成敢死队，即后来的之精义队。远近之士，闻之而起者甚多，异日翼赞中兴大业之功者不少。然泽泻之举动，有犯国宪之处，受流放远岛之刑，不得不蛰居数载。王政维新，再仰天日，泽泻亦被赦归家。此后，绝仕途之意，以育英为己任，从游之士日多，王学大兴。晚年喜风流，以垂钓探花为至乐，又筑三层楼，读《易》于楼上，

---

① 即今山口县岩国市。

不与人多接触。盖取陈元龙百尺楼之意。

自画自赞

曾自画其像，作赞曰：

> 宁没恶名，直透性真。
>
> 一醉陶然，俯仰天地。
>
> 唯我与汝，同心断金。

卒时年六十。

泽泻为人严毅快爽，能驾驭人，有推倒一世智勇，开拓千古心胸之风采。

著作

一、证心录（一册）　二、禅海翻澜（一册）

三、儒门证语（一册）　四、传习录参考（二册）

五、近思录参考（二册）　六、周易要略（二册）

七、学庸正文写本（二册）　八、论孟撮说写本（二册）

九、郑延平事略（一册）　十、国史臆义（二册）

十一、文章家训（二册）

以上著作之中，《证心录》为泽泻最为倾注心血之作，一读可见其学说全斑。

第二十三 春日潜庵

略传

学历资性

潜庵讳仲襄，字子赞，生于文化九年（1812），叙从五位下，任赞歧①守，世世为久我家之士大夫，九岁丧父，伶仃艰苦，稍长，从师学习句读，十八岁师从铃木恕平学习程朱学，崭露头角。

从《王阳明文录》入

二十七岁开始读《王阳明文录》，大有启发之处，喟然曰："为人当至是可止，为学当至是可止。"由是笃信余姚，沉潜反复溯其源，究其流，道德气节事业，无不出自良知之工夫。资性俊迈峭直，容貌魁梧，音如吐钟，眼光灿灿射人，持身严正，闺门之间严如朝廷。常鄙于世之尧行禹趋者，曰："大海有时起狂澜，大川有时生横流。区区守常之士，不足与语。"

久我家之执事

潜庵二十四岁时，为久我通明公拔擢，管理家事。时家政衰颓，岁入缺乏，潜庵黜陟诸臣，严革弊事，家治财富，其处事严正，毫不假借，诸

① 即今香川县。

215

臣不便之，阴谋暗杀，事发，潜庵舍而不问。然竟为逸者之中伤，获罪屏居十年。

到久我建通公继承家业，岁计不支，公废黜用事者，起用潜庵，不到十年，收入为往日之倍许。京师之人皆称"籍籍久我家有春日"。

咫尺天颜

开国论起，幕府派崛田和间部两阁老先后到京师奏事。潜庵与梁川星岩秘密往来商量密谋，有一天，三条①接到内府敕命，令潜庵为六条从三位，密书致潜庵，潜庵感泣拜受。于是为先帝之顾问，屡屡接龙颜于咫尺。

党锢狱起，吉田松阴、赖三树等三百余人被逮捕，潜庵亦被下西邸之狱，后送至江户监禁，囚于岸和田藩邸，拟判处死刑，后来赦免减一等，为终身禁锢。潜庵归回京师，坚辞官职，屏居于洛北紫野云林院。

文久三年（1863），党锢解禁，复原官职，再出奔走国事，诸藩士云集其门。

任知事

明治元年（1868），久我通久公被任命为大和国镇抚总督，开奈良府，断讼狱。潜庵实为其参谋。朝廷设奈良县，任命潜庵为知事。其为政严明，奸人战栗。时东北未平，潜庵欲解亲幕府的郡山藩等地的疑惧，优待之。忌潜庵者，诬告其通贼，遂与二子一同被逮捕，在狱中六个月，被放还。然嫌疑未解，此时鹿儿岛之人横山正太郎为慷慨时事，自杀于集议院之门。其上书中，辩白潜庵之清洁廉直，而当局者仍然忌讳之，遂蒙冤枉。

---

① 即三条实万，是江户时代末期的公卿。

引退

潜庵绝仕途意，屏居讲道，门人日进。西乡隆盛深信潜庵，命其弟小兵卫及门下之士十余名前来受业。其将去东京理大政时，让村田新八咨问时事要领十二条，据说后来多被采纳。

潜庵之志在于道德和事业，故其意不在辞章，然其执笔之时，千言立就，纪律森严，气骨苍老，书法亦妖矫类似其人。著作有《潜庵遗稿》三卷。殁后五年，圣上追赏勤王之勋，赐祭资金一百五十元。

潜庵生平艰辛，虽不能大行其素志，其言行之卓荦，非庸儒之梦想。而其学虽严守基本，在王学方面会悟颇深。

作为王学者之潜庵

潜庵的地位

门人末广重恭评潜庵曰："本邦以阳明学闻名者，中江藤树以道德，熊泽蕃山以见识事业，三轮执斋以学问文章，而先生盖集大成者。"其然，岂其然也？潜庵固本不失为一伟人，其道德之能感动人者，不能企及藤树，其道德和功绩不能与蕃山之达观相比较，其学问文章又稍逊于三轮执斋，然潜庵在道德、见识、事业、学问文章上无疑不亚于前三子。以至云唯集大成者，尚有不愿意首肯之处。潜庵终身立于逆境，其事业亦包含其中，其成功之荣誉不能担于双肩。

独特之见

潜庵曰："姚江良知之教辟千古之秘，简而尽，所谓尽是本体即工夫，工夫即本体之谓，予愚不肖，用力于此学者盖二十年，始有此见。"又曰：

"姚江真传更无秘诀，本体即工夫，工夫即本体，如能善彻此语者，千古之真传在此。"

潜庵作为王学者，实践知行合一，其事迹和言论即为明证。而其独特之见是本体即工夫，工夫即本体。

性善论

潜庵不为性论，最初信性善。而其解阳明子无善无恶之语曰："阳明先生无善无恶之言，为孟子性善说注脚之语，后人不会，或附会之，或论驳之，皆不得其旨。有善、非善，则应以无善之言悟之，而可知性善之语。"由此语可推察潜庵之造诣，阳明子言"无善无恶心之体"，乃万古不易之确说，应从此性善说之根底。而潜庵见以为注脚，反之引语云"有善、非善，则应以无善之言悟之"，深有会悟之处，亦一种见识也。

死生观大彻大悟

凡王学者主要之处，为天人合一、生死一贯、天空海阔之气象等，此等之观念皆来自于致良知之工夫。潜庵达观生死，曰："死生昼夜之道也，固匪难知，而体忍自得之是难。"又曰："人生富贵贫贱，花之开落。生死即昼夜也，达人可以一笑。"大彻大悟生死一贯之理，则心镜之灵明，万物来映，妍媸判然，荣辱厉害，贵贱贫富，丝毫不能扰乱我。至此全天人合一之德，常得保天空海阔之气象。此乃王学者活泼泼斡旋于天地者之原因。我们欲得王学的话，亦应从此得精神修养之法。

交游

潜庵之王学全部独自习成。当是时，佐藤一斋在江户虽是学界之泰斗，但不及其门，唯以书简问语。其交之士有池田子敬、山田琳卿、林良斋、森田谦藏、苛元茂、山本季让、冈本经迪、河野子亮、中岛仲强、西乡隆盛等。今特别摘译其寄南洲翁书如下。

寄南洲西乡翁书
春日潜庵

尔来不奉音问。贵国之士，时往来此地者，言动履佳胜，确然之操，无变于往迹，钦慕羡企。向执事议国事不合，奉身勇退。虽未详其委曲，然而世人叹惜不置，在执事，则可进可退，进退绰绰然有余。独所惜者，其奈何世道之患何。仆私下谓，方今士风之不振，莫甚于此时，廉耻退让，衰颓扫地。士之稍有才干者，专意营利，汲汲然习商贾之业，靦不知其耻也。风俗人心，日以陷溺，不知返也。夫亦何知以何讲士人之业。士人之业，只是上尊主，下安民。尊主安民，乃其之大纲。而数目条件，非笔端可悉也。然而非起振兴士风，则不可也。起振士风，非学则亦不可也。各自之学，非辞章训诂之谓固也。故有坚苦之志、刻厉之操，而非合世之俊，则无能矣。嗟乎，士风之不振，亦宜矣。执事豪杰之士，平生淡于声色财力，加之经于艰难困苦磨炼之功，既非寻常也。其兴起振作天下士风之衰，非甚难也。此事非执事则谁望？仆近年遣散生徒，杜门却扫，虽在村落，如居深山之中。穷居寂寞，特志未屈耳。执事尚教我否？倾侧闻，左府老公再出东京，所谓尊主安民，振起士风，庶几在此时乎？今日执事之所以讲，安在也。乃愿听其绪余。令小弟无恙？为致意。五月二十二日。

继承者

潜庵奔走于国事之暇，得闲教化子弟而倍加努力。出其门者不少，末广铁肠亦为其中一人。其著作有《潜庵遗稿》三卷传于世。

第二十四　梁川星岩

学历

星岩以诗而显，经常被混同于雕虫篆刻之徒，实为惜之。然星岩与寻常诗人有云泥之差，诵其诗，则可知之。星岩交友之士人，皆无不是幕末之翘楚。星岩资性忠孝，以维持风教为己任，又与赖山阳东西相呼应，振发勤王之大义。

晚年喜爱王学

其晚年潜心王学，以养其天真。作为王学者没有什么活动，自反慎独之功，固不缺之。星岩作为王学者所写的诗，收为《星岩遗稿》。而每举其一诗，必引宋明以来心学者之语敷衍之。今揭一二首亦示其一斑：

六十翁翁何所求，鹑衣露肘雪蒙头。

春花秋月三杯酒，澹荡聊乘大化游。

薛文清曰："圣人天理烂熟。自无不乐。"又曰："心无愧怍，则广大宽平，而体常舒泰，其乐可知矣。"陈白沙曰："自然之乐，乃真乐也。宇宙间复有何事？"

日往月来春复秋，人皆完具一天遽。

谁言冲漠无兆朕？泼泼生机运不休。

空谷景隆曰："天地不言圣人也，圣人有言之天地也。皇皇焉。廓矣。寥矣。若阳和之生万物，无意无踪，无一物不被其泽而得藉其生焉。是为圣人也。"

气格高雅，趣味幽邃，开天地之蕴，穿人间之微，探宇宙之内，有自家独特之处。诗人之妙技至此尽之。诗歌原有涵养性情之力，而加味王学，特见其力之多。

第二十五　高杉东行

学历

维新前后的豪杰，多修阳明学，练其心胆，随之也为我王学增添了很大的活力。且王学主张学业和事业合一，不偏向学术，此等诸豪杰之伟业，业已赫赫照青史，今暂且不提。而如悍马般的东行高晋杉作，也素来喜好阳明学，曾在松阴①门下得到讲习传授。

题《传习录》

其书《传习录》之后，有诗曰：

> 王学振兴圣学新，古今杂说遂沉湮。
>
> 唯能信得良知学，即是羲皇以上人。

亦可见其喜爱王学。

象山与松阴

东行之师松阴，亦从王学所得不少。松阴之师，即象山，象山出自一

---

① 吉田松阴（1830—1859），名矩方，字义卿，幼名寅之助或大次郎，通称寅次郎。长州藩武士。曾在家乡山口县萩藩开设松下村塾，后来的明治维新志士如木户孝允、高杉晋作、伊藤博文、山县有朋都为其门下生徒，于是后来被尊为明治维新的精神领袖及理论奠基者。著作有《讲孟余话》《幽囚录》《留魂录》等。

斋之门。一斋在公开场合虽讲朱学，但却是最为笃信王学之人。故门下弟子，皆不能不继承王学。象山和松阴，虽不可直呼为王学者，但在心术涵养方面，无疑有得王学之处。

小楠及景岳　幽谷及东湖

如横井小楠、桥本景岳，虽不可称王学者，从王学那里得到启发而兴起实学，在经纶方面喜爱读蕃山的遗书，这些实际在他们评论蕃山之语中历历可见。藤田幽谷及东湖作为蕃山的私淑者，多少在王学方面有所得之处。

第二十六　云井龙雄

学历

人见宁①曾作云井龙雄之碑文，曰"所以取天下奇杰之士者，以其心事磊磊，雄伟不群，常人不能为之处而为之。而其成败利钝，固在所不问之处。北羽②有一士，曰龙雄云井君，实为奇杰之士"云云。

克己勉励

云井居常力学，夜晚读书，每到思眠时，或以冷水洒面，或含辣味以驱之。犹不能克，则制一木棍，自己连击头上，以至头上生满肉瘤。曾一夜读完《左氏传》，其勉励如此。

最通王学

终于博览群书，最通王氏之学。君之为人，矮身广额，状貌妇人。而天资沉毅、倜傥有大志。云云。如其事迹之详细，已为世人所知，今不赘述。

---

① 人见胜太郎（1843—1922），号宁。日本的武士、幕臣、官僚、政治家、实业家。
② 北羽指出羽国北部，今秋田县。

第二十七 锅岛闲叟

学历

旧佐贺的藩主闲叟公，为喜好阳明学之人。其侍臣永山二水亦热心尊崇阳明学，藩之学宗一时倾斜于阳明学，乃至以前的学宗朱子学，将要到了被废止的境地。

学风将变

由此，在该藩学者之间引起了一场沸沸扬扬的议论，最后还是决定以朱子学为学宗。这是因为对幕府奉为正教学制的朱子学，还是多少有点忌惮之处。当时有一个叫草场佩川的人，给公呈上一篇谏书，鼓吹排斥阳明，而重朱子学之极论，说若不用其议的话，将断然辞职。因此，世间推尊佩川，此事为佩川一生中之首功。有名的广濑淡窗赠佩川诗中，有"谏草成时残月落，经筵回处夕阳空"之句，所谓"谏草"即指上表。

最终未变

这变更学宗之事，虽不能实行，但闻闲叟公终其身热心于阳明学。"千秋学术推元晦，万世英雄见守仁"这一句诗，可征其所信。另如草场佩川之谏草，所谓"上帆顺风能动公"，单只是外表，不足为证。

精神修养之效

闲叟公以小藩毅然而起，能与萨长相提携，翼赞伟业，岂无对万世英雄王守仁之私淑之功效否？闲叟公慷慨而义气。从如其吟咏，颇可见其抱负，亦可鼓舞吾人志气。现在下面摘录几首。

逸题

堂堂大路久荆榛，天以苍生付此身。

腰下空横三尺剑，胸间才蓄一团春。

千年学术推元晦，万世英雄见守仁。

寒月寥寥小窗底，焚香默坐养精神。

逸题

秋风一阵动层台，天外飞鸿木叶催。

五尺小身心胆阔，三分经略气宇雄。

东都诸官悉软弱，西海群儿多俊才。

自古英雄岂空老，洋西万里辟草莱。

明治元年正月作

宇内万邦王赤子，斗南籍地国山河。

镇西男子臣齐正，先唱昌平第一歌。

或闻，闲叟公多少有些著作，大多有故而归之于祝融氏。

第二十八　岛义勇

略传

仕途

岛义勇，佐贺人，天资刚迈果决，深喜阳明学，又让同志继承斯学。初任军舰奉行，后又历任北海道开拓次官、秋田县知事、大藏大丞等职。

举兵

征韩论之庙议没有得到采纳，与江藤新平一起举兵占据佐贺。时明治七年（1874）正月，至三月终服罪。阅《苍海闲话》，副岛伯[①]曾评岛义勇曰："云岛也是一个弄潮儿，天然资质，受到朝廷的信赖而用之。学习努力，属于勤勉型，也并不缺乏才能，然阳明学喜好决断，即使他本不打算在佐贺掀起暴动。可能是打算助人吧，或者受人所请。其决断过早，遇事不深思熟虑便做出决断，和大盐平八郎之类同样。……岛是阳明学家，其弟重光元右卫门、副岛权介等人也学习过阳明学，也为佐贺骚动之祸牵连。"

227

---

① 　副岛种臣（1828—1905），日本明治时代的著名政治家和外交家。号苍海。佐贺县人，藩士出身。在明治政府中历任参议、外务卿、内务大臣等。《苍海闲话》全称《副岛先生苍海闲话》，为副岛讲述，片渊琢编，收入《副岛种臣全集》。和岛义勇是表兄弟。

第二十九　伊藤茂右卫门

学历

我们不幸对伊藤氏知之甚少。曾在《阳明学》杂志上读过海江田子爵的谈话，后来虽然听到不少传闻，还是未得到为其作传记的材料。

自修王学者

闻伊藤氏偶然在书肆获得阳明子之遗书，翻阅而稍有所得。遂垂帷以王学教授子弟。然而对其揭示什么为学习目标、是否有遗著等尚不清楚。

与西乡大久保为友，为长沼福岛之师

但可以从当时伊藤氏与西乡隆盛、大久保利通①为友，为海江田信义、长沼嘉兵卫、福岛弥三太诸士之师等而推知其学如何。当初，海江田等诸士等欲入其门，曰："请授阳明学。"

天下之公学与学风

师曰："道者天下之公道，学者天下之公学，得孔子而不可为私，得朱子而不可为私。拙者不知阳明学为何。"于是海江田等诸士再改语，说想受

---

① 大久保利通（1830—1878），名正助，号甲东，后改名利通，萨摩藩（今鹿儿岛）人。原为武士，明治维新时期成为政治家，与西乡隆盛及木户孝允并称维新三杰。后被暗杀。海江田信义、长沼嘉兵卫、福岛弥三太等人也是萨摩藩出身的维新义士。

王阳明之教，遂被允入其门。此一事正显示了伊藤之学风，盖以世用为第一要义，排门户之弊。

大久保甲东

大久保利通亦在心术涵养方面采纳阳明学，与西乡隆盛等相会讲读《传习录》。然亦不幸，得不到为其作详细传记的资料。

第三十　西乡南洲

学历

西乡隆盛从少壮时代开始喜好王学，还劝友人子弟也修王学。其实学颇得心术涵养之力。

涵养之功

南洲翁为古今罕见的天生雄杰，其心术涵养亦不寻常。且淡于声色货才，心事磊磊落落，涵养之功可谓不少。翁平素爱读之书多为王学者之遗书，这可从松井茂久氏的遗稿而得知。现摘记如下：

> 鸿儒佐藤一斋，惮当时之祭酒林氏之家学，表面不立旗帜，却是纯正的王学者。其著书《言志录》，大有涵养吾人之术，启发吾人意气之处。

爱读之书

故西乡隆盛手抄之而常置座右，云不怠讲究。后来命名为《南洲手抄》，出版了翁之手抄，秋月种树氏序之。其中特书云："南洲之学术，基于余姚，及得此书始信焉。"从前我曾听说福冈的头山满氏①少壮之时，游

---

① 头山满（1855—1944），号立云，日本大亚细亚主义提倡者，福冈人，日本20世纪初的右翼政治领袖、军商，极端国家主义秘密团体黑龙会创办人。曾支持过孙中山的革命事业。

鹿儿岛，闻南洲之爱读，不惜强从该家借走一部书籍。余问友人为何书，其云为大盐中斋著《洗心洞札记》。而且近来《南洲遗训》出版。余阅之，有下之数语，可窥南洲之学术。

一，位万民之上者，慎己，正品行，戒骄奢，勉节俭，勤职务，为人民之楷模。下民若不怜其辛劳，则政令难行。

二，克己，临于万事欲克而不得。故先修身养性而后成也。

三，志学者，必宏大规模。然唯此偏倚，或疏于修身，故须始终克己修身也。宏大规模以克己，男子者容人，非为人容。

四，志于道者，不贵伟业也。司马温公曰："闺中语无不可语人者。"由此推知慎独之学。出人意表逞一时之快，实未熟也，当戒。

五，失节义廉耻决无持国之道，西洋各国亦然。位于上者对下争利忘义，下皆仿之，人心忽趋财利，卑吝之情日长，失节义廉耻之志操，父子兄弟之间亦争钱财，至反目也。

仰慕潜庵

从上可知，南洲翁喜好王学，深爱读王学者之遗书。翁又慕春日潜庵之为人和其为纯正的王学者，曾遣弟小兵卫及门下生十数名，学于潜庵，且为东上之时，使村田新八，咨问时事要领十二条，多采其义。云云。

第三十一 海江田信义

学历

武文馆练心中之武

海江田子爵，慨世间道德学风之衰颓，兴武文馆，曾语其之旨趣曰：

　　此武文馆为欲供校外教育之模范教场，教授文武两道。所谓武，能使用面具、护手、竹刀、棒子，不能说是真正的武士。故我作一题目，即练心中之武，以试腕力。为何要练心中之武呢？人看不见的贼，朝夕起于心中，这不管是正宗还是近宗都难切断，故王阳明说"破心中之贼难"。为了破这个贼，不得不练心中之武，为破心中之贼，练心中之武，诚为第一难事。故我塾不云文武，以武为先，名曰武文。又云文，每日只是执竹刀相击也无可奈何，于是从向人们提出适当的问题进行讨论这样的小事开始，目下以周六和周日从早到中午进行议论，从中午到晚上练习武术，而将此命名为"心身一进流"，即心与身同往一处前进之意。心身不一进的话，则没有什么用。凡治国家必先修其身的基础，便是文武。王阳明之学也与之相同。王阳明云："破山中贼易，破心中贼难。区区剪除鼠窃，何足为异。若诸贤扫荡心腹之寇，以收廓清平定之功，此诚大丈夫不世之伟绩。数日来谅已得必胜之策，捷奏有期矣。何喜如之！"

须破各自心中之贼，应养清心之底。所以，武是必要的。即使国家系于一身，为了剪除贼武也是必要的，故先置武，名武文，立此文武馆。

就学

以上摘记之处，基于《阳明学》第六号之海江田子爵昔日谭。子爵兴武文馆，原本基于《教育敕语》，以欲矫正世之校外教场之弊风。

海江田氏初根据南洲翁的劝告，与长沼、福岛一起学于伊藤氏，承袭阳明学，尔后倍加喜爱阳明学。子爵的教育主义及平日所执之道，可从上面的昔日谈而明了之。

订正　日本之阳明学　终

自　跋

　　我们曾听说过"各自具一只眼"这句话，这是本书读者要特别猛省之处。堂堂二百多页文字，读来读去，有何所得？跃然纸上的三十多位伟人，给我们带来了什么？或轻轻看过，一无所得，这和所谓读《论语》而不知《论语》是何物者属于同类，复何言之？书并非死物，著者之精神即为书之精神。若是善读者，千年之后，尤能悲喜愤慨，掀起行动。何况本书网罗的主人公，皆为活动型伟人杰士。这些伟人皆曾崛起于一方，或活动，或事功，或省察，虽其所为并不相同，但都符合有为之精神。而我们欲从这些伟人那里所得到的东西，不在于他们过去的事迹，而在于有为之精神。这些伟人的精神，实具备千岁不朽之感化力。我们以至诚求之的，难道不正是这些东西吗？若一过而没有所得的话，请再三反复，熟读玩味，伟人们的一言一行一定会成为我们的活榜样。

　　我们到底应如何入王学之门？这些伟人对这个问题的解答，是我们首先要深思熟虑的。回顾考察这些伟人进入王学的那一刹那，有的熟读《古本大学》，有的一朝恍惚大悟，有的玩味《传习录》，都有一旦豁然贯通之处。有人得《阳明全书》而从中学得圣学奥秘，也有人翻阅《阳明文录》，喟然叹之，为人当止于此，为学当至此，终能得其旨者有之。呜呼，我们应该如何办呢？这一瞬间，实有至大之关系，能生千里之差异，不可不熟虑选择。王学简易直接，单刀直入，孤峻峭拔，顿悟之教。一旦忽焉触其灵机，一跃达其奥秘，绝非难矣。嘻，易入而不得不入，这就是阳明的良知之学。世之青年同志之士，何不奋起而试之？

现今社会，日新月异，科学技术，纷然竞兴。我们青年者，固然应该学习科学技术，然我们的能力和世间自有一定的限界，不可能涉猎百科。于是应该先求捷径开始行动，采取简易直接之方法而期待取得成功。我们必须以修养精神、陶冶品性作为科学技术之基础。若缺乏这两件事的陶冶，虽有千知万能，却得不到用武之地。幸甚的是，王学的独特长所，实正存在于此。是故我们在修养精神和陶冶品性时，一定要采纳王学，以之来构筑百行之基础。本书为充满希望的青年们而刊出，希望王学再次勃然隆盛。勤勉同好之士，着实同好之士，征途千里者，必应从此开始迈步。王阳明曾说："我此良知二字，实千古圣圣相传一点滴骨血也。"又云："某于良知之说，从百死千难中得来，非是容易见得到此。"这毕竟是学者体会到的事实，不得已而示人时，才会一口说破。恐学者们得之容易，单看成一种光景而玩弄之，便会辜负这个良知。我等欲入王学者，应该体会此心，不可不积格物致知之功也。

著者识

译者的话

本书的作者高濑武次郎（1869—1950），号惺轩，香川县人。日本近代著名阳明学者。1869年1月28日出生于赞岐国山田郡西十川村仲下所（现香川县高松市十川西町），曾在鲣宇神社跟随森口四郎学习过儒学。自京都府立第一中学、第四高等学校毕业后进入东京大学，1898年7月从东京大学文学部汉学科毕业，进入东京大学研究生院学习，1905年11月取得文学博士学位，博士论文的题目为"先秦诸子哲学"。1901年1月开始在东京大学担任讲师，同时也在哲学馆、日莲宗大学、佛教大学、早稻田大学、曹洞宗大学、明治大学担任讲师。1907年7月成为京都大学副教授，每月的第三个星期日在大阪"洗心洞学会"进行演讲。

1912年2月28日，高濑前往中国留学，分别游历过北京、上海、宁波、余姚、庐山等地后，前往欧洲，在游历过柏林、伦敦后前往美国，于1915年3月回到日本，担任京都大学中国哲学史教授。1921年担任洗心洞预备学堂顾问。1925年1月15日成为经筵进讲控，1925年7月至11月在中国南部旅行。1928年被任命为经筵进讲，为昭和天皇讲课。1928年60岁时，辞去京都大学、经筵等职务。此后在龙谷大学、立命馆大学、临济宗大学（现花园大学）、关西大学、武道专科学校、女子专科学校（现京都女子大学）等学校任职。1946年8月受到盟军司令部追放公职的处罚。

高濑著作甚丰，主要著作有《日本之阳明学》《阳明阶梯——精神教育》《中国文学史》《杨墨哲学》《王阳明详传》《阳明学新论》《中国伦理朱程问题回答》《老庄哲学》《中国哲学史》《阳明主义的休养》《藤树先生》《四言教论》《陆象山》《三轮执斋》《易学讲话》《进讲录》《阳明学讲话》《阳明学丛话》《聊斋志异菁华》《宇宙论横》《鼓腹集》《天泉鼓腹集》《熊泽蕃山》等。其中《王阳明详传》曾被翻译成中文出版（北京时代华文书局 2013 年版）。

本书主要论述了阳明学在日本的流传。阳明学大概于 16 世纪末 17 世纪初传入日本。当时正是幕府的时期，大概是永正十年，即明正德八年（1513）。这一年桂悟了庵和尚归国，而王阳明被任命为南京大仆寺少卿，在从北京赴南京上任途中，转道回到家乡余姚。当他听到名声颇大的了庵滞留于宁波的消息后，便前往宁波府安远县的嘉宝堂寓居访问了他。这是王阳明唯一见过的日本人。当时了庵正在做归国的准备，他与阳明会了一面，阳明赠序与了庵《阳明文录》，了庵对阳明新说产生很大的兴趣。《阳明文录》大概是文禄庆长战役后从朝鲜带回日本的，此后阳明著作便在儒者中间流传开了。不过信奉学阳明并建立了学派的则是中江藤树。藤树以后，日本的阳明学者不仅能领悟阳明学之精神，而且将其体现在实践上并屡建功绩，对当时和以后日本的思想界、政治界以及日本社会都产生了重要的影响，形成了影响深远的日本阳明学传统，并对日本的武士道精神和大和魂的形成产生了一定的影响。

一般认为，日本的阳明学在中江藤树开创之后，大致可分为两派：一派是注重精神修养及内省性格的德教派，如渊冈山、梁川星岩、春日潜庵等人，他们是日本阳明学中的理论派，忠实地继承了阳明学的心学传统；另一派是以熊泽蕃山为典型，注重实践与行动，是以改造世界为己任的事功派。后期的阳明学者如领导都市平民起义的大盐中斋（平八郎）、幕末志士吉田松阴等虽然在学统上同熊泽蕃山联系甚少，但其思

237

想观点均属事功派。按照高濑武次郎和他的老师井上哲次郎的说法，事功是日本阳明学的主要特点，事功派是日本阳明学的主流。

日本阳明学的第一次高潮是 17 世纪前半叶由阳明学元祖中江藤树提倡，其弟子熊泽蕃山发扬于 17 世纪后半叶。第二次阳明学运动是 18 世纪的江户中期，这期间虽有三轮执斋翻刻王阳明的《传习录》，但终未形成阳明学的中兴，只可看作过渡期。直到 18 世纪末 19 世纪初，由大盐中斋等提倡了第三次阳明学运动，阳明学派才再度勃兴，形成了继古学派之后与朱子学相抗衡的局面。

19 世纪末到 20 世纪初，日本出现了一场由三宅雪岭、德富苏峰、陆羯南等一些鼓吹日本主义的媒体人发动的，批判明治政府以"鹿鸣馆"为表象的全盘西化政策的社会运动。由于他们自称这场社会运动的目的是创造日本"国民道德"，于是为之取了一个类似于学术流派的名称——"阳明学"。此是"阳明学"作为近代学术名称的起源。

高濑武次郎的这本《日本之阳明学》于 1898 年由吉本襄办的铁华书院初版，后又于 1907 年由东京榊原文盛堂重版。其以教科书的形式，分发端、陆象山、王阳明、心即理、知行合一、日本之王学者等章节，对中日两国的阳明学进行了阐述。

本书《日本之阳明学》的理论贡献，在于如下三点。

第一，将阳明学和西洋哲学以及西洋伦理学进行了比较。将阳明学和西洋的学问进行横向比较是日本阳明学的一大发明，而高濑武次郎为发端者。如在本书中，高濑将王阳明"知行合一"和苏格拉底的知识即德性论，将"良知"说和西洋的伦理学原则进行了比较。

第二，将中日两国的阳明学进行了比较。他的名言"大凡阳明学，犹如含有二种元素。一曰事业性的，一曰枯禅性的。得枯禅性元素的，则足以亡国；得事业性元素的，则可以兴国。然彼我两国之王学者，各得其一，也遗有实例"（见本书《序论》）为比较中日阳明学特点的学者们广泛引用传诵。

第三，将前述三宅雪岭原创，但是没有展开叙述的，从中江藤树到西乡隆盛的日本阳明学的系谱，进行了人数上的补充，增加到了三十多人，并分别对他们的著作和思想做了详细的阐述。

以上三点，仁者见仁，智者见智，但在讲日本阳明学时，或为不可忽略的见解。所以本书在大约百二十年后全文翻译出版，自有其独特价值。

本书写作于 19 世纪末，当时学术规范还处于草创期间，所以本书按照当今的学术规范来衡量的话，有许多不规范的地方，譬如引文没有标明出处，许多难解的人名地名没有注释解说等。为了保持本书的原汁原味，在翻译时没有刻意去为作者详细注解，且保持其半白半文的叙述体。只是校注者在力所能及的范围，对一些难解的名词添加了最小范围的注释。再就是对所有的日本纪年后面添加了公元纪年。

本书由日本北九州市立大学博士、武汉大学历史文化学院博士后、大连外国语大学马克思主义学院教师张亮翻译，日本北九州市立大学文学部教授邓红校正并添加了所有注释。

张亮　邓红　共识

2019 年 3 月